书接上一回

粤语讲古泰斗林兆明传

林兆明 口述

张蔚妍 林端 著

SPM
南方出版传媒
花城出版社 中国·广州

图书在版编目（ＣＩＰ）数据

书接上一回：粤语讲古泰斗林兆明传 / 林兆明口述；
张蔚妍，林端著. -- 广州 ：花城出版社，2016.8
ISBN 978-7-5360-8041-6

Ⅰ．①书… Ⅱ．①林… ②张… ③林… Ⅲ．①林兆明
—自传 Ⅳ．①K825.78

中国版本图书馆CIP数据核字(2016)第182326号

出 版 人：詹秀敏
责任编辑：张　英
　　　　　史文慧
技术编辑：薛伟民
　　　　　凌春梅
装帧设计：李玉玺

书　　名　书接上一回：粤语讲古泰斗林兆明传
　　　　　SHU JIE SHANG YI HUI：YUEYU JIANGGU TAIDOU LIN ZHAOMING ZHUAN
出版发行　花城出版社
　　　　　（广州市环市东路水荫路 11 号）
经　　销　全国新华书店
印　　刷　佛山市浩文彩色印刷有限公司
　　　　　（广东省佛山市南海区狮山科技工业园 A 区）
开　　本　787 毫米×1092 毫米　16 开
印　　张　21.75　1 插页
字　　数　180,000 字
版　　次　2016 年 8 月第 1 版　2016 年 8 月第 1 次印刷
定　　价　49.80 元

如发现印装质量问题，请直接与印刷厂联系调换。
购书热线：020 – 37604658　37602954
花城出版社网站：http://www.fcph.com.cn

目 录

序 言   I

      愿粤语讲古永远"书接
      上一回" / 林兆明   I

引 子   I

第一章 澳门大世兄

      第一节 侨商世家   7

      第二节 名门之子   15

      第三节 林家大世兄   25

      第四节 澳门摇篮   33

第二章 初入剧社

      第五节 广州求学   45

      第六节 初入剧社   55

第七节　法律，还是艺术？　　　　　　66

第八节　从艺不言悔　　　　　　　　76

第三章　创造经典

第九节　粤语话剧　　　　　　　　　85

第十节　经典"369"　　　　　　　　94

第十一节　进京演出　　　　　　　　103

第四章　情痴，艺痴

第十二节　琴瑟和鸣　　　　　　　　115

第十三节　全家福　　　　　　　　　129

第十四节　患难之交　　　　　　　　140

第五章　蜚声南粤

第十五节　得志莫离群　　　　　　　151

第十六节　艺术传家　　　　　　　　162

第十七节　最佳拍档　　　　　　　　171

第十八节　结缘讲古　　　　　　　　181

第十九节　巅峰之作　　　　　　　　188

第六章　一嘴纵横

第二十节　历史演义　199

第二十一节　英雄豪迈　206

第二十二节　武侠志怪　211

第二十三节　"长似剑随予"　221

第二十四节　相濡以沫　231

第二十五节　一嘴纵横　241

第七章　根深叶茂

第二十六节　宝刀不老　251

第二十七节　鸿篇巨制　260

第二十八节　帝王传奇　269

第二十九节　根深叶茂　276

第八章　"哥哥啊"在听众心中永远回荡

第三十节　听见广州　289

第三十一节　永远的《西游记》　301

林兆明先生大事年表　　　　　　　　　308

附　录

我演"369" / 林兆明　　　　　　　　3I7

让"哥哥啊"永远在广播电波中飘荡　吴国庆 3I9

音容犹在，精神永存

——记忆中的林兆明先生 / 麦伟平　　32I

我听《林兆明的艺术人生》 / 唐同炎　　323

录音师眼中的林兆明 / 陈文丹　　　　326

后　记

听见广州的声音 / 张蔚妍　　　　　330

序　言

愿粤语讲古永远"书接上一回"

我喜欢中国的故事。

我这一辈子讲了无数个故事，有在广播电台讲的，有在舞台上讲的，也有在话剧里讲的。家国兴衰、历史变局、帝王传奇、神话志怪，既有将相英雄的豪迈，也有草根百姓的悲欢，唯独没有讲过我自己的故事。

我和观众、听众朋友每分享完一节故事，总要在结尾说一句："欲知后事如何，且听下回分解。"每次准备开讲新一回故事的时候，也总会在开头说一句："原文再续，书接上回。"这两句话不单是一个讲古的程式，也在提醒着我，万物总有联系。世间所有的人和事都有前因后果，每一个故事都有开头与结尾，每一个故事里发生的人和事，都是在"接上一回"。

今天，我在这里跟大家讲我自己的故事，实际上是讲世界不断变化着的、曾经发生在我眼前的故事。至于发生在我之后的事，就只能留待后人去讲了。大家要听我讲林兆明的故事，那就要继续"书接上一回"。

话说我林兆明不是一个对国家社会有大贡献的大人物，为什么要写传记呢？之前，有不少广东广播电视台的朋友建议我写传记，我都没有答应，一来觉得个人的坎坷经历，没有必要公之于众；二来觉得我这个老古董的经历和感受，大家未必能够接受和分享，因此迟迟未能进入状态。

我和原广东电台的渊源很久远。广州刚解放的时候，我就去电台录播诗歌和散文，1979年录播长篇小说《虾球传》。从那以后，就一发不可收，坚持录播长篇小说、中篇小说，直至现在。我和广东电台几位记者编辑都是好朋友，我们一直保持着密切的关系。他们和我一样，对于广府文化，对于粤语语言艺术有着非常深厚的感情。这些老朋友，以及台领导都希望我能将自己在粤语语言表演艺术、话剧表演艺术中的心得总结出来，也把我所经历的将近一个世纪的历史风雨通过"讲古"的方式记录下来。我思考良久，想当年自己从一个热血青年，投身艺术，到如今已经八十八岁，年迈老矣，饱经风霜！我亦感受到原广东电台历届领导对我的关心与支持。他们的拳拳之心令我感动。朋友说，你个人的经历不光是个人的故事，而是反映了不同时代的社会变迁，以及文化现象，尤其刻印着广府地区的风土人情。你应该跳出"小我"，讲述"大我"的故事。于是，我终于放下了顾虑，同意出版传记。

广东广播电视台尤其是新闻广播的领导和团队花了大半年时间上门采访、录音、剪辑、合成，三十集的广播传记《林兆明的艺术人生》在2016年元旦播出了。虽说老人床前少孝儿，我却难得地拥有非常孝顺的生性儿女。录音期间，我时常卧病在床，写作和录音都非常艰难，女儿林端在生活上时常陪伴我，给予细心的照顾，在精神上给予很大的支持，帮我做了厚厚一大沓的口述笔记，协助我把这个庞大而复杂的工程坚持做了下来。全部录完那天，我们两个人都长吁一口气，如释重负，一同流下欣慰的眼泪，复杂的心情难以言表！这本书的作者张蔚妍每次来采访，就像女儿一样和我拉家常，故事由她写出来，好比自己亲身经历过一样。这个有点腼腆的广州女子忙前忙后，既细心又负责！来家里录音，每次都把一式四份的打印稿放到每个工作人员面前，给我的那份她一定会放大到二号字。

时至今日，我依然略有担心，我这个老古董的故事，读者会愿意看吗？

20世纪20年代，我的父母都出身于澳门侨商。受到中西方文化的交互影响，我从小就中意看戏、演戏、编戏，也有一点反叛。大学读的是法律，却不愿继承父业。建国后我先后在广州三个专业剧团当话剧演员，是话剧让我走上一条"不悔"之路，经历了命运的种种巧合与安排。二十世纪六七十年代的广州，观众也许不怎么知道"林兆明"，却大多数记住了粤语话剧《七十二家房客》中的"369"。

20 世纪 70 年代，我开始播讲长篇小说，也许我个性中有着跟悟空一样的不羁，有着跟八戒一样的愚钝吧，我讲的长篇古典小说《西游记》让大家对我始终不离不弃。

感谢之余，我想告诉我所挂念的观众朋友、听众朋友，告诉我的孩子们——粤语文化历史悠久，粤语讲古和粤语话剧表演，是广府文化的艺术瑰宝之一，是我愿意用一生去从事的艺术行当。

且听，中国的故事永远仍有"下回"。有粤语的地方，粤语话剧表演、粤语讲古就永远不会消失。现在，我们不妨"书接上一回"吧！

林兆明

2016 年 1 月

引 子

20 世纪 30 年代的澳门,海镜戏院。

欧美电影、粤语电影,在此你方唱罢我登场。

新马路与下环街交界转角的繁华路段,平房中高楼凸起,"海镜戏院"的招牌明亮堂皇。这座戏院中西合璧,楼上电影院,楼下西餐厅,周边是海镜街市,坊众皆知,从早到晚热闹无比。

"海镜"与渡船街的"南京"、福隆新街的"清平"两家大戏院势成三强鼎立。

海镜戏院的老板,姓林,名耀廷,是一位从巴拿马归来的年轻侨商,他是孙中山的同乡,十年前到澳门白手兴家。外人并不知道,他来澳门的内情实在是出于护子心切。

那一年是 1910 年,清朝宣统二年,江浙暴雨成灾、东北瘟疫,两湖抢米事件四起。香山(中山县原名)盗贼猖狂,好些人家的小孩被劫走贩卖。

林耀廷到巴拿马谋生,他的母亲和儿子留在老家香山长沙浦。

林兆明（后排左二）和父母、祖父母及弟妹们在澳门家里的天台花园

劫匪来时，两岁多的独子林景云正在家中玩耍。

正在后村洗衣的祖母听到人喊"贼佬来啦！"，连忙扔了水桶跑回家。

家，一片狼藉。

贼人已散去，却见不到孙子的踪影，祖母的心悬在半空。

"云仔！云仔！"祖母冲进里屋又跑到屋外，正要大哭，一回头，看到小景云缩在屋里大门的门后，大气不出，小脸憋得通红，却也不哭一声。祖母抱起孩子，一会儿哭，一会儿笑。听说消息后赶来的亲友都夸他："这孩子这么淡定胆大，日后必能做大事。这是林家祖先的福荫大呐！"

孩子是够淡定，大人却怎么也淡定不了！

林耀廷接到这个消息后，连忙让人带话给自己的母亲，火速带着景云去澳门避避贼祸。若干年后，林耀廷和堂兄将巴拿马的小餐馆结了业，一起回到澳门。

林耀廷一家团聚了。

林耀廷以海镜戏院在澳门开创了林氏家族的第一代生意。

若干年后，海镜戏院成为林耀廷第一个宝贝孙子最喜欢去的地方。林老板怎么也没有料到，他的海镜戏院竟会在这个孙子心中种下一个叫"艺术"的根，从此再也无法拔出来。

这位林家六世兄就是日后名扬海内外的粤语讲古泰斗、著名话剧表演艺术家林兆明。

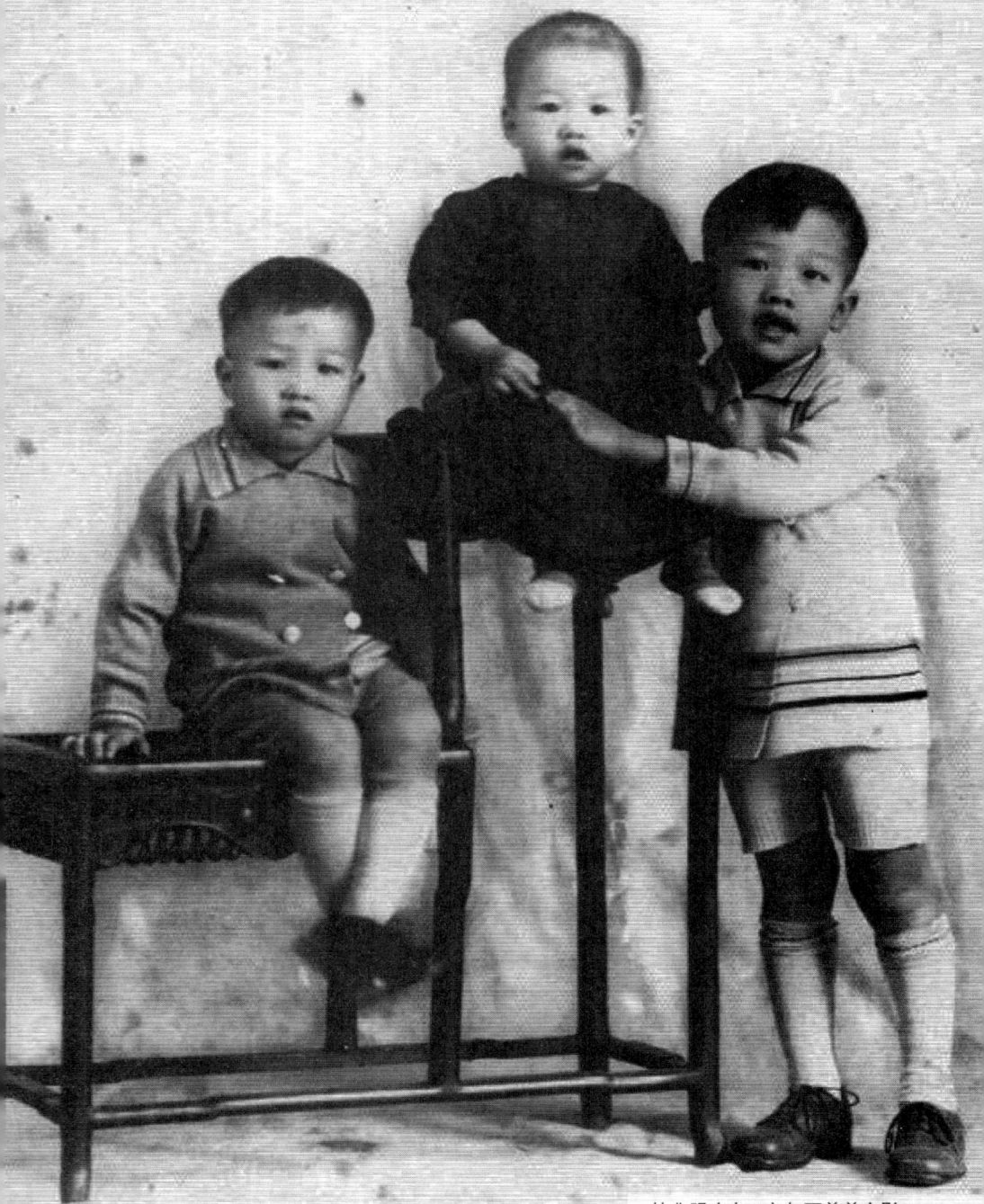

林兆明（右一）与两弟弟合影

第一章　澳门大世兄

生活的磨难，没有让林家孩子低头，
反而激起了他们的斗志。
在母亲的抚养教导下，
相继成材。
只有林兆明独树一帜，
走上了一条与弟弟妹妹完全不同的艺术道路。
他永远忘不了，
澳门给予他的最初而宝贵的艺术滋养。

第一节　侨商世家

　　香山县长沙浦一整天都弥漫着肉香、酒香，祠堂里摆开十几台桌椅，像过节一样。

　　长沙浦全村人一起吃祠堂饭是件特别的事情，不是春节过年，或者清明节、重阳节太公分猪肉，就是村里有人办红事白事。而今日这顿饭不为别的，只因为村头林家去了巴拿马"掘金"的林进安回来了，是他要请全村人好好吃一顿！

　　林家厨房离祠堂不远。乡亲们起床没多久，祠堂门外已经炊烟袅袅。走近一看，左邻右里来帮厨的女人们早已忙得不可开交。食材分别用大盆子装着，堆积起来几乎比人还高。掌勺的和帮厨的都是本村的乡亲。十多个婶娘、伯母择菜、洗菜、切菜、炒肉、装盘，忙得没有停手。林进安也在厨房里指挥着家人，用近一米长的锅铲炒菜。大铁铲在锅中不停地翻动，要让菜入味均匀。

　　林进安为人豪爽，挣了钱就返乡宴请乡亲好友大吃一顿。他还让人新做了条凳、圆桌，新买了碗箸，全村人开大食会有了一个好地方。祠堂内，数十张大圆桌把宽敞的大厅摆得满满当当。

上菜啦！婶娘们把做好的"九大簋"依次摆上桌，等待村民们品尝。这些菜式都很讲意头。"红皮赤壮"，即烧肉和烧鹅，寓意身体强壮。"高头扣肉"，即芋头焖猪五花肉，肥而不腻。"美满葱油鸡"，即香葱油淋本地鸡，皮爽肉滑，寓意生生猛猛。"豉汁盘龙鳝"，讲究酱香入味，鳝鱼肉浅切不断，寓意团团聚聚。"白灼大头虾"，肉质鲜嫩，寓意嘻哈大笑。"腰果烧肉丁"，即玉米粒、蒜苗、腰果、烧肉，有肉有菜，寓意添丁发财。"上素罗汉斋"，即荷兰豆、白菜、腐皮、木耳，味道"斋"而不寡。"浮皮发菜羹"，即发菜、猪浮皮、芡粉做的汤羹，寓意和气生财。

"阿安发达了，回来请全村乡里吃饭喝酒，真是豪气啊！"

"多谢各位乡亲平时照顾我们一家！大家多喝两杯！"

"阿安，你去巴拿马掘金，也提携一下我家老四，让他跟着你一起发达好吧？"

"出去要能挨才行……真心说一句，我外面那个餐馆其实不如今天乡里们做的菜好吃，都是在外面糊弄糊弄那些'西洋鬼'的，还是家乡的日子好过。不过，三伯您要我办的事，我一定没有二话，您让四弟过来找我好了！"

"阿安果然是疏爽，来！我敬你三杯！"

饭桌上，乡亲们聊着家常，个个开怀畅饮，为见见多年出洋未回的林进安，也为宗族一聚。大家彼此敬酒，互相祝福，男女老少，其乐融融。

林进安的豪气和疏爽一直在长沙浦村流传着。后来，这种豪气和疏爽也成为林氏家族的一种精神传统。

入夜，林进安抑制不住兴奋的心情，久久地站在自家门前，聆听着妻儿在房内细细碎碎的软声细语，享受着家乡的贴心和温情，思忖着今后的生意。过了大半个时辰，他才踱进屋里。

这时，整个山村渐渐恢复了夜的平静。

不久，林进安带着村里几个后生，重新踏上去巴拿马"掘金"的路途。

进安的儿子耀廷自从有记忆开始，就知道自己的爸爸、爷爷都是从香山长沙浦去巴拿马做工的华侨。

根据《巴拿马·共和国百年》记载，华人远赴巴拿马侨居的历史是从19世纪50年代开始的，巴拿马被称为连接南北美洲的桥梁、沟通太平洋和大西洋的黄金通道。1852年，美国业主从中国的广东和福建招募华工到巴拿马做工。华人稍有积蓄就转向商业领域，从小本生意做起，从无到有，从小到大，凭借刻苦耐劳和百折不挠的精神，既在巴拿马稳定地生活着，又给巴拿马的经济增添了活力，不少华人成了商界的杰出人士。

话说林耀廷原来也不懂什么电影和戏，但说到开餐馆

第一章 澳门大世兄

做生意倒也早经历过一些风浪。

　　林耀廷与他的爸爸、爷爷一样，赚了钱就回长沙浦娶妻养家，又接着去巴拿马。孩子生下来，要多年以后才能见上一面，林家偏巧生的是独苗，就这样一代接一代，走的都是同样的路。最辉煌的事情莫过于有钱的时候回到老家，宴请全村。

林兆明的祖母、外祖母、外祖父、祖父（从左至右）

　　林耀廷勤快、敢拼，头脑灵活，儿子景云出世不久，他就去巴拿马谋生。多年之后，积攒了一些钱，想着家里的亲人，他准备将钱送回家去做家用。刚好堂兄林耀辉的儿子阿禄要回香山，耀廷就将五千元美金托堂侄阿禄带回老家。

　　当时交通非常不便，从中美洲巴拿马到中国大陆路途遥远，坐船一趟最快也要一个多月。船到某个城市，就会停靠一两天。那个半大的孩子阿禄坐了长时间的轮船，觉得太闷了，船一靠岸，就拎起装钱的皮箱下船逛街游玩。在上船的时候，却被当地海关查出，阿禄带的现金超出限额，被全部没收。

耀廷知道了这个消息，仰天长叹，多年的辛苦，化为乌有啊！

家当全无了，怎么办？每一个打拼出来的巴拿马华人都不相信眼泪。林耀廷咬咬牙，从头再来！

之后，林耀廷和堂兄林耀辉在巴拿马开了家很有特色的西餐厅，堂兄掌勺，他坐柜台。西人喜欢来餐馆尝个新鲜，华侨迷恋餐馆的家乡味道，耀廷看准这两点，用心经营，慢慢又有了积累。

林耀廷的儿子林景云两岁的时候，长沙浦的治安很差，经常有贼人打家劫舍，把村里的小男孩捉去澳门贩卖。听说儿子差点被乡下盗贼劫走，林耀廷担心坏了，无奈仍需挣钱养家糊口，只好忍着牵挂，继续苦心经营。几年后，终于盼到可以回家了。他和堂兄一起打点行装，归去来兮！其实，耀廷早就有回"唐山"之意，但当时国内到处是天灾人祸，盗贼四起，想找一个创业发家之地，就是离长沙浦最近的澳门了。

自南宋开始，澳门就属于广东省香山县，也即今日之中山市和珠海市，后来改成中山县。早期在澳门定居的人在这里聚合成小村落，倚靠捕鱼和务农种植为生。1887年，葡萄牙与清朝政府签订不平等条约，以租借为名，采取"和平"的经济占领方式强占澳门。林耀廷回国的时候，澳门仍处于葡萄牙管制时期。那时更多的巴拿马华侨赚了钱，衣锦还乡，然后定居澳门，做更大的生意。林耀廷用在巴拿马的血汗积蓄置了一些商铺。他们堂兄弟俩先是在澳门半岛的旺地买了一个铺位合伙开餐馆。

澳门被殖民者强占后，曾最早作为中西交流的一个驿站。早在16世纪，便有著名传教士在澳门及附近岛屿登陆，如著名的圣沙勿略，被正式派往澳门创建第一个传教中心草屋教堂的译勒。还有中国人熟知的利玛窦，也是从澳门进入中国，继而经肇庆到达北京。中国最早的西式大学是1594年创建于澳门的圣保禄书院，其师生中不乏利玛窦、徐光启、艾儒略、毕方济、汤若望、南怀仁、吴渔山这样的著名学者。这些都是中西文化交流史上赫赫有名的人物。郑观应曾在这里写下《盛世危言》，吹响了民主革新的号角。孙中山也曾经在这里的镜湖医院行医，从事革命活动。中西方文化的融合共存使澳门成为一个风貌独特的城市，但由于地方小，耕地缺，物产少，当时要在那里立足并不容易。

林耀廷与堂兄开的西餐馆就在新马路。这条路以前被称为"澳门街"，意思是澳门只有一条街。这里有政府衙门议事亭、澳门大西洋银行、中央大酒店，还有大药房及饼铺。由于地址选得好，加上在巴拿马积累了经营西餐的经验，他们的餐厅独具风味，生意兴隆。

餐厅有道名菜，叫"非洲鸡"，他们用咖喱、玉桂等非洲香料，与广东的烹饪结合，做成了独具特色的"澳门本地菜"。这道菜虽然带着传统葡国菜的影子，但材料、烹饪技巧与菜式都受到广东菜的影响，色香味一流。林耀廷的西餐厅还有一道特色菜，就是有名的葡国菜"马介休"——腌制的鳕鱼，味道浓厚。马介休之后，有葡国菜中重要的甜点，木糠布丁、葡式甜饭等是其中的"名角"。林家餐厅生意奇好，成为当年澳门街最大的西餐厅。

开戏院赚钱的念头是林耀廷在巴拿马"掘金"的时候就有的。位于中美洲的岛国巴拿马虽然没有自己的电影，但是影院却开得不少。

澳门当时只有一些单纯放映电影的影院，几乎没有既可做大戏（即演粤剧）、又可放电影的综合性戏院。开在福隆新街的清平戏院，实际上是一个粤剧戏班的演艺舞台，木质结构，只有一层，只能演粤剧，不能放电影。福隆新街整条街几乎都是妓院，所以清平戏院周围经常一片莺声燕语。林耀廷琢磨，可否在澳门开一家老少咸宜的电影娱乐城，既可以让自己和家里人空闲的时候有个消遣娱乐的地方，也能赚点闲钱。

说做就做，林耀廷兄弟俩没多久就各自开了一家戏院，分别占据了澳门当时的繁华地段。林耀廷开的叫"海镜戏院"，在下环街附近，规模很大，有两层楼高。二楼可以放电影，也可以请粤剧戏班来演大戏；一楼是供市民用餐的餐厅。堂兄林耀辉开的叫"南京戏院"，在新马路转角的渡船街，除了有戏台、影厅，还有茶居、市场，都有一种综合娱乐城的味道。

澳门的下环街，曾经是澳门内港，葡萄牙人最早就是从这里踏上澳门土地的。从19世纪中期开始，澳葡当局在这一带填海造地，这里慢慢成为人口稠密、商业发达、中西文化交汇的地方。

"海镜"、"南京"和"清平"三家戏院，在20世纪20—50年代的澳门红极一时。那是迷人、充满了世俗气息的所在，这几家影院今天你放《魂断蓝桥》，我就放《茶花女》；明天你放《魂归离恨天》，我就放《公民凯恩》，时时大片迭出，家家热闹得很。

《林兆明的艺术
人生之侨商世家》原声

第二节 名门之子

林耀廷在澳门和香港各有一间办公室。上午，他在海镜戏院和一个美国片商谈妥了几部电影在海镜的首映权。下午，林耀廷就启程去了香港，他要在香港启德汽车公司参加一个董事会会议。

他在香港启德汽车公司拥有股份，并任总经理。林耀廷喜欢做多种经营。早些时候，他和启德的一位好友合资买下元朗的三百多亩渔场。所以，启德公司的会一开完，他就来到元朗，在青山绿水之中，边喝茶边钓鱼，放松心情。

元朗在香港西北角，位于新界的西北边，三面环山，地势平坦，原采这里是连绵的农田，在多山的香港，只有这一块平整而广阔的平原。20世纪20年代，深湾一代的村民在海边筑基围，用以抗拒潮水。这些基围就是鱼塘的前身。20世纪30年代，元朗开始建造鱼塘，饲养各种鱼类。元朗传统的养鱼业是每年在海边捕捉野生乌头稚鱼，然后放在鱼塘饲养。本地淡水鱼当中，元朗乌头约占了40%-50%，最高峰时每天出产两万条乌头鱼。

是啊，是该找个理由放松一下自己！看着眼前偌大的渔场，想着这里出产的淡水鱼可以满足全香港市场的供应，林耀廷心里很舒坦。他眯起眼睛，似乎在和煦的阳光照耀下打起瞌睡来。其实，他想起了已经成为律师的儿子景云，想起了刚出生的孙子林兆明。

在澳门和香港，华侨投资者不同于一般的外国商人，他们的根在中国。林耀廷早年跟随祖辈从香山县到巴拿马做工、开餐馆，赚钱回家乡娶妻生子，建功桑梓，这在兵荒马乱的年月里不失为一种上乘之选。达则兼济天下，穷则独善其身。他凭着自己的经验、热情和资本，凭着中国侨商代代相传、生生不息的精神支柱，在巴拿马商海中搏杀，积攒了一笔产业。他回到澳门经商，开餐馆、戏院，还在香港经营汽车行和鱼塘，成为一位颇有名望的侨商。

年少时的余汉秋气质优雅

比起越来越大的生意，儿子林景云的成长是他觉得更加得意的一件事。景云在同龄的孩子中是出了名的才子，读书成绩优异，诗词歌赋样样皆能。

回内地上名校，是当时许多有钱澳门人的追求。林景云上的中学是广州当时远近闻名的知用中学。读完高中之后，他以优异成绩考入上海政法学院学习法律。大学毕业后，林景云在澳门和中山开设了律师行。后来，他又开了一家银号，还开了杂货店、餐厅、汽车行，以及不少其他的产业，是一位相当有才干的律师兼商人。在景云之前，林家还没有人当过"大状"（广东人把律师称作"大状"）。在林耀廷看来，这是一种地位高尚的职业。这也是自己想尽办法让儿子接受良好教育的回报。

林兆明父母合影

更让林耀廷开心的是景云的婚事。

景云在知用中学，认识了一位漂亮的女同学，她叫余汉秋。她跟随父母从巴拿马回到澳门，再到广州读书。在林景云眼中，汉秋知书识礼，落落大方。两个年轻人互生情愫。景云大学毕业后，即与汉秋结下百年之好。他们的第一个孩子就是小兆明。

林兆明祖居。澳门高地乌街 34 号

林兆明与母亲及二弟夫妇在澳门祖居合影

澳门高地乌街34号，1928年，炎热多雨的夏天，林兆明出生了。

他所诞生的地方，所诞生的年代，都同样具有中西方文化交融的烙印。

那似乎是一部永远不会有休止符的交响乐。

这一年，中国国内与国际各种政治社会力量此消彼长：

蒋介石发出第二次北伐的总攻令。时任中华民国北洋政府国家元首、北洋军阀奉系首领的张作霖，在皇姑屯事件中被炸身亡。全国反日大会在上海召开，张学良公开宣布支持国民政府，中国形式上实现统一，史称"东北易帜"。蒋介石

就任国民政府委员会主席。朱德带领的南昌起义军队与毛泽东在井冈山会师。中国工农红军第四军成立。中国

弟弟和家人们在高地乌街

共产党第六次全国代表大会在苏联莫斯科召开。

这一年，美国总统大选，赫伯特·胡佛获胜。日本昭和天皇加冕。南京国民政府宣告废除中外不平等条约，与英国签订中英关税条约，国民政府外交部与葡萄牙驻华公使进行双边谈判。至此，中葡双方都已明了，澳门问题，已不是界务问题，而是中国于何时收回的问题。废除1887年条约，从而收回澳门，在事实上已成为当时中国政府的国策。

这一年，香港第一个电台诞生。"米老鼠"卡通形象诞生。米老鼠在第一部有声动画片《威利号汽船》中担任主角，首次与观众见面。

那是一个风起云涌的时代，一个中华民族追求独立与解放的时代，一个艺术创造进入新纪元的时代。

作为20世纪历史风涛的产儿，林兆明的出生给这个五代单传的侨商世家带来无比的欢欣和喜悦。

澳门，迄今保留着"高地乌街"这条老街，在这里，可以追寻到林家当年的踪迹。林宅是一座三层的小洋房，既有广东传统民居的特点，同时也糅合了很多外来文化的影响，可谓中西合璧。从雕花铁门进去是一个小花园，一楼、二楼都有大客厅，每一层楼都有四五个房间，窗户形式多样。当时，林耀廷和堂兄、堂侄一起买下高地乌街这处幽静、清雅之地，各建了一座洋房安家，三座洋房连接在一起。里面的花园、骑楼、天台都是相通的，光是天台就有二百多平方米。

林宅花园里种有石榴树、白兰树。多少年来，故事就在这疏疏密密蓝蓝绿绿的内外开始又结束。阳光透过树枝和树叶，撒到每一个房间当中，投下谜一般的光影，记录着这里的人和事，呵护着小兆明一个又一个童年梦想。

母亲余汉秋

从母亲余汉秋这一条血脉上，可以找到林兆明个性中艺术的遗传因子。余家也是巴拿马华侨，余汉秋有九兄弟姐妹，她排行第三，从小跟随父母在南美洲生活，十岁随父母和兄妹回到澳门。

兆明印象中的母亲，优雅漂亮，性格贤惠。喜欢边弹风琴边唱歌。生活习惯很西化，喜欢喝咖啡、吃牛扒和三明治，过圣诞节要吃火鸡，亲人见面要互相拥抱问候。她与姐妹聊天都喜欢说西班牙语。

余达鸿，余汉秋的父亲，在美国做生意期间，曾参加了辛亥革命，并加入同盟会，支持孙中山的

父亲林景云

革命行动。他和孙中山的大哥孙眉是老朋友，交情很好，在国外时，曾搭伴租房住在一起。后来，余达鸿也回到澳门，几经打拼，成为全球著名的德士古汽油公司的澳门总代理商，同时也是著名品牌寿星公炼奶的澳门总代理。

出生在如此优裕的家庭，余汉秋自小熟习音乐、舞蹈、英语和西班牙语。初中开始，被父亲送到广州名校知用中学。当时澳门本地缺乏有名气的学校，很多家境好的人家都把孩子送到广州上学。后来培正中学从广州迁到澳门，回内地读书的潮流才稍有缓和。

在知用中学，余汉秋遇到了同样从澳门来求学的男同学林景云。

两人一见钟情，余汉秋喜得如意郎君。新婚没多久，就有了小兆明。

20世纪30年代初，上海政法学院法律系毕业的高才生林景云回澳门后，他一边承继父亲的家族生意，一边开办律师事务所，名气日增。笔底文章，可谓字字见锋，叱咤风云。

林兆明（后排左二）与弟弟们及司机在澳门祖居

作为长子嫡孙的林兆明，从小就是在这样优越的家境中成长。家里有汽车、电话、佣人和专用司机。当时，拥有汽车和电话的家庭，足以称得上是澳门的富裕之家。

澳门高地乌街，是为纪念葡萄牙一位军官而命名的街道。二十世纪二三十年代，高地乌街是名人的聚居地。

这里有富商叶伯堂的大宅、孙中山原配夫人卢慕贞夫人的家、叶挺故居、崔世安的伯父崔德琪的家，"岭南三杰"高剑父等画家也在林家附近住过，关山月居住过的善香园就在此处不远。

林家附近，还有澳门最有钱、最出名的富翁卢廉若的豪宅——卢家花园。

林兆明记得，在卢家花园旁边，有一座很漂亮的别墅，是孙中山原配夫人卢慕贞在澳门的故居，后来叫作澳门国父纪念馆。

孙中山的原配夫人卢慕贞，十七岁时与十八岁的孙中山结婚，生了三个儿女：孙科、孙娫和孙婉。卢慕贞和孙中山离异后，一直蛰居于澳门，她的寓所位于文第士街1号。

印象中，卢慕贞夫人为人十分和善，在街上见到任何人都会打招呼，有时还停车同人聊天，澳门市民对她非常尊重，每次见到她散步出门坐的人力车，都有人上前问候。林兆明记得，卢慕贞夫人与林兆明的外祖父很熟，经常约着喝茶聊天。兆明和二弟弟兆韦也时常跟着外公去卢慕贞夫人家里玩。

叶挺将军家的别墅也在林家附近。叶挺的两个儿子都和林兆明当过同学。叶挺时常抱着孩子散步，经过林家门口，就停下来，打招呼，说说笑，和善亲切。叶挺的太太家境富裕，在澳门当地人眼中，她漂亮，又善良。大家都尊称她为"生观音"。

后来，飞机失事，叶挺夫妇和几个子女坠机身亡。小兆明心中受到强烈震撼，有些事、有些人是不能忘记的！

抗日战争时期，广州沦陷，不少文化人迁移澳门，岭南画派的"岭南三杰"高剑父与高奇峰、陈树人也逃难到此，住在林家附近。关山月则住在附近的观音堂善香园。

不知这些儿时的经历，日后对林兆明创作粤语话剧《红岩》《珠江风雷》《魂牵万里月》《恨海奇光》，与他演播讲古作品《世纪情怀：张学良全传》《孙中山传》有着怎样的启迪？

这些作品中所体现出来的历史沉重感，不是外加进去的，"疾行如风、心志如铁"这八个字，尚不足概括这些仁人志士形象之内涵。

澳门，林兆明童年的摇篮，这里的一街一景，一树一屋，都令他印象深刻。

20世纪的澳门，就以这般沉重的一幕，早早地嵌入童年林兆明的记忆中。

第三节　林家大世兄

"兆明，不要乱发脾气！"

"我喜欢这样，我喜欢这样啊！"

小兆明跺着脚，在二楼的厅里喊起来。

妈妈是个性情温和的女子，很少高声说话，但儿子也许是被大家宠惯了，一急起来说话就没大没小。刚才，他去观音堂的善香园玩得一身汗，跑进来，回房间找什么东西，没找到，就冲着佣人三姐大叫，怪三姐帮他洗衣服的时候，弄丢了他口袋里的宝贝。

妈妈见兆明说话欠礼貌，正要管教几句，兆明就大发脾气。这下惊动了住在楼下的嫲嫲（广东人对祖母的称呼），她噔噔噔地走到楼梯口，"咣当"一声，把一只酒杯摔到地上。

"哪个敢对我的孙子这么凶！吓坏我的孙子可怎么办？"

"奶奶，我——"

"家嫂，你什么也不用说了，今晚大世兄跟我睡，他让你吓坏了可没人赔得起。"

林兆明（左二）和弟弟们

　　兆明的妈妈闷声退下了。其实，她知道儿子要找的"宝贝"是什么，那是一个"Y"型弹弓，还有一个橡皮包着的石子儿，这都是男孩打架的武器。她不知道兆明怎么晓得做这些危险的玩意儿，她能做的就是把它们藏起来。没想到，今天这事儿还导致家婆对自己发火。她明白，兆明的嫲嫲是从不让别人骂这位大世兄的。想要和儿子亲亲热热地睡觉聊天，恐怕又得往后推了。

　　林兆明出生前，林家五代单传，自从有了他这个长子嫡孙，家里陆续添了好多小孩，最后一共有十兄弟姐妹，小兆明被家里宠爱有加，大家都称呼林兆明做"大世兄"。

　　"大世兄"就是"大佬"的意思，五六十岁的长者叫一个小孩子"大世兄"，实是抬举了得。祖母和妈妈对兆明尤其溺爱。说起来也很好笑，她们两个都抢着要带小兆明睡觉。九岁以前，兆明一直是和嬷嬷同睡一张大床。长辈的溺爱，养成林兆明小时候的任性和张扬。

卢家花园旁边有一条街，叫作荷兰园，那里大半条街都是葡国军官宿舍，清一色绿白相间的南欧式建筑。军官宿舍旁边的利宵学校，内设一个漂亮的曲棍球场，是专门为葡萄牙人子弟开设的。小兆明和弟弟每天都要经过利宵学校，去粤华中学附属小学上学。葡国孩子和华人孩子经常一言不合就打起架来。

小兆明爱玩又调皮，也就跟着十来岁的男孩子一起去打架，自制一些弹弓来做自卫的小武器，从树上折了些丫杈，再用汽车的内胎连接着一块皮，包着一粒石子，用来做弹弓。这些石子射出去的时候，力度可是不小。粤华中学附小和利宵小学的校长曾经因为两帮学生打架的事，出面协调了好几回。

小兆明经常找不到自己放在口袋里的弹弓。母亲去世后，林兆明在她收藏贵重物品的保险柜里，发现了一个小包包，里面就藏着这个树丫做的弹弓。原来，妈妈担心儿子打架，把弹弓悄悄藏了起来。林兆明这才恍然

父母在家中天台

大悟。他悔恨自己当初不懂事，老是惹母亲生气、担心，越发感恩母亲的爱子之心。

做妈妈的总是不希望孩子打架。这任性、不知天高地厚的孩子，让母亲一次又一次操碎了心。

在家里，他有时因为和大人言语不和便一气之下冲出去，一口气跑到松山的最高处，对着大海喊叫，以宣泄内心的不快。有时，他和一群华人同学与葡国孩子打起架，书包里就藏着用树丫做的弹弓。

林兆明喜欢骑马，时常去马场练马。他穿着漂亮的骑马服、长皮靴，骑着高头大马，风流倜傥，好不威风，引来不少女孩子青睐。

不过他时常闯祸。有一次，他骑着高头大马奔上松山，来回奔跑，一不小心从马上跌落，从山上滚下来，幸亏被山上的树木钩住，捡回一命。又有一次，林兆明骑马从新马路回家，由于水泥路滑，他跌落马下，满街的街坊齐呼惊叫，大家跑过来相助，大世兄才没有受伤。经过这次，他竟然还一点不在意，后来在新马路上骑着马跑，被一位警察追赶。警察大叔上了年纪，追得气喘吁吁的，他只好跑到林家，告诉林兆明的父亲，千万不要让儿子继续在马路上骑马了。

这些趣事，多少可以窥见林兆明少年时期桀骜不驯的秉性。

小兆明每次惹大人生气之后，心有内疚，总是跑到大三巴街，排队买金钱饼和鸡蛋卷，这两样饼食分别是祖母和妈妈最中意的点心。大三巴街就在大三巴牌坊下阶梯尽头前不远处，左段以林林总总的手信店铺为主，蛋挞、杏仁饼、花生糖、金钱饼、蛋卷、肉脯等各种饼食五花八门，好些是现做现卖的，店里散发的香味很远就能闻到。在新马路、福隆新街、清平直街、官也街等横街与窄巷，有许多小店售卖各色小吃，人流熙攘不亚于上海城隍庙和香港的铜锣湾。林兆明的祖母和妈妈爱吃的那家在大三巴街，门口通常都排着长长的人龙。每次见到大世兄拎着热腾腾的点心回来，祖母和妈妈也就消了气。

父亲平日里甚少谈及政治，却对时局的细微变化密切关注，这在少年林兆明心中留下深刻印象，也无意中影响了林兆明成长的道路。父亲学识渊博，也要求孩子早早学习。还只有五六岁时，林兆明就摇头晃脑地背起了唐诗，他记忆力超强，背诗背得出神入化，平仄分明，别有韵味。

六岁，林兆明进入粤华中学附小。父母亲觉得还不够，课余又请家庭教师到家里给兆明和二弟兆伟上课，课程包括国语、古文、英文、数学、物理。父亲还专门请了一个秀才给林兆明补习古文和诗词。

林兆明反应灵敏，吟诗作对难不倒他。老先生精通古文及诗词格律，他说，兆明孺子可教，他天资聪颖，日后将大有出息。他要求兆明似懂非懂地背诵了不少古文，唐诗也朗朗上口，念熟了"平平仄仄仄平平"。

林兆明从小就学打西洋拳，拜的师傅是香港启德学院的专业教练。教练时常带林兆明出去长见识，让林兆明与非洲人、葡萄牙人交手。后来，林兆明去广州求学，还能与青年会的白俄教练交手。林兆明自嘲，自己很早就有打国际拳击赛的经验了，可惜从来没赢过。

林兆明弟弟妹妹多，小时候，在他们面前他很有长兄的自豪与得意。每当看完电影回到家，他喜欢和二弟、三弟、四弟、五弟、六弟、七弟、八妹和九妹（那时十弟还没出生），以及隔壁的堂兄堂妹，在高地乌街34号的天台上追逐嬉戏，有时还喜欢演模仿秀，自己担当男一号，模仿刚刚电影中的剧情，再安排其他孩子演不同的角色，成群结队，嬉闹玩耍，好不热闹。

林兆明（后排中间）和弟妹们在澳门

作为大哥哥，林兆明还喜欢和弟弟妹妹们坐船去冰仔游泳、骑车，去总督府门前看烟花。

澳门是由半岛、冰仔和路环三个小岛组成的，那时候，这三个小岛隔海相望，没有桥梁连接。兄弟姐妹们去冰仔玩，要坐一个小时的汽船才能到。记得在冰仔有一片天然的红树林，冰仔对面的路环有一个非常奇特的海湾，那里的泥沙都是黑色的，故而名曰"黑沙环"，风景优美独特。

林宅离松山很近，松山顶上的东望洋灯塔设有探射灯。一到晚上，探射灯四面照射，指引导航。灯塔的光可以照射到林家的天台。当时，松山种满了松树，风景十分秀丽，松山上有条用泥石建成的环山公路，长年日晒雨淋，依然漂亮，毫不变形。当年，林兆明时常上松山跑步锻炼，在环山公路跑马，对松山上的一草一木，印象深刻。

林兆明对澳门的烟花节更是记忆犹新。松山顶上保留了中国最古老的现代灯塔——东望洋灯塔。西望洋山也保留了一座葡式教堂。在西环，有一座葡萄牙驻澳门的总督府。每年澳门都举行烟花节，放烟花的地点就在总督府前面海面的船上。一到烟花节，那里就人山人海，林兆明和弟弟妹妹们每兰都跑去看烟花。看到那么多人来观赏烟花，林兆明才一下子明白过来，澳门的烟花那时候就已经闻名中外。

林景云大律师业务上有大量的应酬，家里不时宾客盈门。林兆明经常被父亲喊出来对对联，显示这位林家大世兄的聪明趣致，但他更喜欢待在母亲身边，听她弹琴哼歌。

妈妈喜欢带兆明去观音堂的善香园赏花，善香园离林家很近，种满奇花异草。花园里有个亭子，中间一张石桌，是当年中美签订不平等条约《望厦条约》的地方。石桌中间留有一条裂痕，将其分作两边。妈妈告诉兆明，裂痕占大半的，是中方代表坐的，裂痕小半的是美方代表坐的。在这里，兆明听了许多妈妈小时候在海外的故事。那一个个充满童话色彩的故事，是林兆明童年的艺术启蒙。他后来在广州青年会业余剧社演出的《小二黑结婚》，倾注了对五四时期一代新女性的全部情感，这里也有对母亲慈爱的深切回报。

林兆明说起他的童年，那些顽皮的趣事立刻随口而出，无拘无束，无遮无碍。

这就是林兆明。好胜、潇洒、幽默、霸气、百无禁忌、独树一帜。乃至他日后的表演，同样无师无宗无派。了无羁绊，天马行空，历来是文人侠客，包括艺术家们所向往、所实践的人生之大境界。

第四节　澳门摇篮

　　终于等到放学，林兆明一跑一颠地走出培正中学的校门，抄近路，穿过福隆新街、新马路，来到下环街。今天是周末，如果赶得及，可以看两场电影，看完第一场就去爷爷的海镜西餐厅吃点东西。

　　像往常一样，他先是走上二楼。海镜戏院的检票口，身穿工作服、头戴圆筒形平顶帽子的"BOY"（领位员）拉开大门，恭敬地将林老板的这位宝贝孙子和其他观众一起请进大厅。当然，大世兄来爷爷的戏院看电影是不需要买戏票的。

　　他喜欢看戏，每个星期总要看两三场。如果不是为了能赶开场，他也不敢从福隆新街绕道，因为爷爷和爸爸再三叮嘱，少去那边逛，因为福隆新街是澳门有名的烟花之地。

　　那里所有妓馆的规格和装修颜色都是一样的。遇上七月初七，整条街五光十色，各家店铺都挂满彩灯，扣满了花牌，互相比富，扣一万几千元都是平常事，当时，整条福隆新街都有扎着头巾的印度人警察和黑社会的人马联合看场。

商会在风月场所大摆筵席商议事情，大家已经见惯不怪。福隆新街旁边有一条烟馆街，行人经过都可以感觉到影影绰绰之间，烟雾弥漫，烟味浓重。

那时，澳门总督任由烟、赌、娼泛滥成灾。澳门博彩业始于19世纪40年代，澳葡政府颁布法令使其合法化。逢年过节，澳门大街小巷都开了赌档，每档都有十几二十人围着赌钱。澳门虽是个弹丸之地，但赌档和当铺之多，是令人震惊的。

澳门普通人家都严禁子弟涉足赌场，林家也不例外，家里环境虽然优裕，却家教甚严，对子女教育有三大戒律：不准去福隆新街，不准去赌场，不准去鸦片烟馆。林家大世兄林兆明再怎么任性淘气，对烟、赌、娼，却从不沾边。而童年这段耳濡目染的经历，对于他日后创作粤语话剧《七十二家房客》中的角色，演绎长篇小说《虾球传》中下层百姓的生活，都是非常宝贵的生活积累。

十七岁前，林兆明最爱玩的就是看戏、骑马、西洋拳。八九岁他就到海镜戏院看《乱世佳人》和《翠堤春晓》。那时候去看大戏、看电影，林兆明经常是和几位同学或弟弟妹妹相伴同行。如果有女孩子在，就会买些纸杯冰淇淋边吃边看。

二十世纪三四十年代，海镜戏院和南京戏院除了放映欧美电影、粤语电影外，也有不少粤剧戏班在这里演出。当时好些名角——关德兴（别名：新靓就）、马师曾、任剑辉等大佬倌都在这里演过戏。

戏院门前的大幅海报印有影片公司的名称、演职员表、剧照等，充满诗意的宣传词句很受影迷喜爱。

早期放映的都是无声电影，银幕侧面有一个解画人用粤语同步解说电影情节，后来有声电影出现了，放欧美电影时，画面上用的是中文字幕。

当时澳门的官方语言是葡文，不过绝大部分澳门居民只讲粤语，不讲葡文。在澳门，不少葡萄牙人和中国女性结婚。他们生的"混血儿"自成一族，叫作"土生"。他们长得漂亮，半中半西，衣着和饮食习惯是葡萄牙式的，都讲得一口流利的葡语和粤语。至今，澳门还保留发行一份葡萄牙文的报纸，邮局寄出的电费、水费单都是葡文和中文并用。

林兆明的母语是粤语，他会听一些葡萄牙语，平时却只说粤语。海镜戏院放映的各种电影以及粤剧大戏，林兆明都看得很入迷。不知什么时候开始，林兆明有了自己登台演戏的念头。

还在粤华中学附小，林兆明就经常被老师和同学点名扮演短剧中的角色。他声音条件好，在舞台上从不怯场，在学校很受欢迎。

上初中时，林兆明更加对演戏着了迷。高二时，他就开始自编自导自演戏剧了。

那时，海镜戏院的检票员怎么也没有想到，这位小影迷在四十年之后，会重新来到澳门的演艺剧院。不过，他是以广东省话剧院副院长的身份，兼艺术顾问和导演的多重身份，被澳门文化司特邀担任世界名剧《费加罗的婚礼》和《钦差大臣》的导演。此是后话。

林兆明入读的学校叫培正中学，是澳门一所名校，也是最难考入、最严格的学校之一，每年留级率都不低。1889年，由冯景谦等人在广州的德政街创办，名为培正书院，后来多次迁址，在东山筹建新校舍，改为"培正学校"。1938年，因抗日战争战事紧迫，培正中学迁到澳门，校址就在高地乌街附近，租借了部分卢家花园的地方开办澳门分校，后又在香港成立分校。林景云把儿女们都送进了这所学校。

林兆明在父亲书房

林兆明在澳门培正中学读书时，就很有主见，个性张扬。

他时常向老师提出令人意想不到的问题，有时还和老师争执起来。他在课堂发言中提出，写作不能总要"文以载道"，不讲艺术，了无生气。为此，他在自己日后的艺术创作中，总是力图克服功利的东西，寻求个性的表达。

学校老师对林兆明的评价有两种截然不同的意见：一种觉得林兆明太调皮、太叛逆；另一种则认为林兆明很有天分，是有才华的学生。当时的监学李荣康先生就经常被这位学生挑起笔仗和争论。

澳门培正中学的校长邝秉仁先生和监学李荣康先生对林兆明很是欣赏。改革开放后，林兆明常回澳门探亲。师生一起饮茶，无所不谈。林兆明对老师们说起了自己当年的好胜。李荣康先生笑谈当年趣事，印象深刻。

林兆明曾说，一个文人学者，不能有傲气，但要有傲骨。

多年以后，培正中学恢复同学会活动，出版《培正百年精英》专刊，在全球范围内挑选了五十多个有建树的精英学生，图文并茂详细介绍他们的社会贡献与业绩。林兆明榜上有名。在广州大学城陈列馆，大家可以看到"岭南文化名人林兆明"的照片与简介。

少年人，哪个不好胜呢？而林兆明的"好胜"，更多地涵盖了坚忍不拔、顽强傲骨的一面。哪怕到了古稀之年，他的"好胜"依然没有被岁月销蚀。也正是这种"好胜"，才让他在一个又一个更为广阔、更为高水准的领域中出类拔萃，创造辉煌。

本来，林兆明和他的父母弟妹完全可以在澳门享受属于他们小家庭的幸福。然而，世事难料，第二次世界大战的战火并没有让偏于一隅的澳门完全平静。

抗日战争时期，由于葡萄牙是中立国的关系，澳门避过了战火。其间，日本人千方百计想跟林兆明的外公余达鸿——德士古汽油公司的澳门总代理商做汽油交易，软硬兼施，各种手段都用过了。余达鸿却怎么也不肯做这笔交易。骨子里，他有着中山人倔强的民族气节。

后来，美国人害怕这些汽油落入日本人手中，派飞机来炸了整个油库。霎时间，上千吨的汽油全部葬于火海。

事件引发舆论的轩然大波，大小报纸都报道了这件事。

1945年，林家面临更大的灾难。林景云大律师突然意外身亡！

林兆明永远失去了父亲。

原本富裕的家庭，如坠深渊，一家人从此陷入困境。

林兆明瞬间感受到世态炎凉变幻，人情冷暖无常。

这是少年林兆明无法忘怀的一段痛苦经历。

20世纪，就以这样惨烈、沉重的一幕，早早刻进林兆明的记忆中，刻进一位讲古艺术大师的少年梦中。

这世纪之梦，不是蓝天丽日，也不是和风细雨，而是狂暴的、冷酷的、残忍的。似乎是命运注定，艺术成为林兆明一生的必然选择。要直面惨淡的人生，寻求一种英雄豪迈的艺术力度。

幸好，当时家里还有不少产业，能够支持一家老小的生活。母亲汉秋外柔内刚，无论如何辛苦，变卖家产，她坚持着一定要让子女受到高等教育。多年来，全靠母亲和祖父艰辛支撑，将林兆明十兄妹抚养成人。

爸爸去世时，妈妈正怀有身孕，当时家境窘迫，有些亲戚劝她不要把这个遗腹子生下来。

"你已经有九个子女，不如放弃算了！"

爷爷让长孙来拿主意。

林兆明十分坚决地支持妈妈："这是父母的亲骨肉啊，不论是男孩还是女孩，妈妈一定要生下来！"

十弟顺利出生了。他是个聪明的孩子，也是林兆明最疼爱的小弟。

爷爷林耀廷时常对儿孙们说："人有两种气是最难受的，受人气，受钱气，没钱就受气，没本事就受人气，一定要有本事！"

生活的磨难，没有让林家孩子低头，反而激起了他们的斗志。在母亲的抚养教导下，他们互相支持，每个人都学有所成，相继成材，从事教授、律师、医生、商业高级管理等职业。

二弟考取了有名的海事学校，毕业后获得船长资格，他行船周游世界，挣了钱就汇给母亲，给弟妹们提供了很多帮助。后在香港经营大型船务公司。三弟跟随姨妈在巴拿马生活。四弟接手家族生意。五弟大学毕业后，在美国进修并从事航运生意，相继担任美国几个港

20 世纪 40 年代的林兆明

口的驻港代表。六弟大学毕业后，在非洲做漂染实业，生意成功。七弟留学美国，事业有成，后来作为美国华人代表，参加香港和澳门的回归盛典。八妹大学毕业后，移居澳大利亚，成为贤妻良母，生活富足。九妹在英国读中学，在美国完成大学学业后，回香港从事广播电台的编导工作。十弟学术成就最高，二十七岁就成为美国斯坦福大学的博士教授，后来成为美国联邦政府审判有关核能案件的首位华裔法官。

林兆明（中间）和弟弟们在一起

只有林兆明独树一帜，走上一条与弟弟妹妹们完全不同的艺术道路。

他永远忘不了，澳门给予他的最初而宝贵的艺术滋养。

《小二黑结婚》剧照。林兆明（三排左五，胸前戴花者）和麦庆生（一排右二）

第二章　初入剧社

风华正茂的林兆明，
从澳门来到广州读大学，
其间加入了广州青年会业余剧社。
这里，是林兆明艺术生涯的初发起点。

第五节　广州求学

1945年夏天，日本投降，抗战胜利。培正中学从澳门搬回广州。

9月，林兆明和二弟林兆伟一起随培正中学回迁到广州就读高中，对培正来说，这是一次回归，对兆明、兆伟兄弟俩来说，是首次离家。

在高地乌街34号的花园，石榴树和白兰花树下，妈妈抱着两个儿子的肩膀，叮嘱再叮嘱："出门在外不比家里，不要总是争强好胜。到了广州就去拜访黄文宽世伯。"

林兆明身材颀长，个子高出妈妈一个头，兆伟比哥哥小两岁，稍矮一点。刚刚经历了逼债风波，大世兄林兆明顿时感觉到自己肩上压着不轻的分量和责任。

令他无法理解的是，父亲生前豪爽仗义，交游广阔，隔三岔五宴请宾朋。然而，就在上个月，由于父亲的突然故去，生意上不少账目来往未能立刻结清，好些父亲原来宴席上的朋友，马上变成无情的债主，跑到林氏公司追债，趁火打劫伸手要钱。母亲强忍着悲伤，出来和他们周旋。那些人不依不饶，有的还把林家一些值钱的字画和古

林兆明与母亲。20 世纪 40 年代在澳门祖居天台

董强行搬走了。

看到妈妈无助的眼神，林兆明灵机一动，他说："妈妈，您不用担心，下次我来对付他们。"

等到那些债主再次出现的时候，兆明换上一套深色西装，佩上领带，稳重大方地等在公司的会客室里。

"因为事出突然，家里一下子拿不出这么多钱，请你们放心，今后由我来还这笔款子好了。"

那些追债人被林兆明的从容淡定震住了，就说："好吧，不过你得立下字据！"

林兆明早有准备，爽快应允，在对方递过来的单子上飞快地签了自己的名字，还清清楚楚地写上当天的日期。

那些人如获至宝地走了。

妈妈却担心地看着大儿子。林兆明把母亲拉入里间，悄声说："妈妈放心，凭我签的这些单子，他们收不到钱！我今年才十七岁，爸爸在世时告诉过我，未满十八岁的话，就是未成年，所签的任何文书都没有法律效力。而且，他们说爸爸欠他的钱，是落井下石，没有文书凭据的。"

林兆明在澳门家中

就这样，林兆明凭着机智帮着妈妈渡过了债务危机。后来，由于时局混乱，那些追债的人自身难保，所谓的债务也就不了了之。

这件事，让林兆明对于弹丸之地澳门感到局促和失望。当知道培正中学将要回迁广州的消息，他立刻向母亲表示，希望随学校去羊城，感受中国南大门的风貌。

踏上广州的土地，这座古城刚刚经受了战火的劫掠，满目疮痍。

一到培正中学的宿舍住下，兄弟俩就按妈妈的吩咐，去西关拜访父亲的老朋友黄世伯。他们走出东山的培正路，沿着马路一路往西走。在永汉路（今北京路）上，只见一个日本兵在用力扫街，已不见往日的凶相，腿上还缠着很宽的布条。那时广州人叫日本兵为"萝卜头"，小孩子唱的儿歌也有："萝卜头，点豉油，点得多，咸过头。"

他们见有不少游荡的人，用竹竿撑着衣架，挂着一件衫或裤在叫卖，听人说这是"故衣"。因为战乱，当时特别多"故衣"。

转到永汉北路，在省财政厅旁，他们找到永汉公园旁边一座小洋楼，这里全是遮天蔽日的大榕树。几个小女孩拍着手唱着歌："凼凼转，菊花园，炒米饼，糯米团。阿妈叫我看龙船，我不看，看鸡仔，鸡仔大，捉去卖，卖得几多钱……"

林兆明听了觉得有趣，也很想看鸡仔或龙船，瞪着眼望她们。她们更高兴，连声再唱："大欺小，用屎喂，小欺大，捉去卖。"唱完，便一哄散去。

在这里，兆明兄弟俩找到了黄世伯家。

黄文宽是广州一位有名的律师，和林景云是至交。见到长途跋涉而来的两个孩子，他马上让家里人备好热饭热菜，好生照顾。饭毕，黄世伯叫人端上茶来，与兄弟俩促膝谈心。他声音不高，说得却很有分量：

"兆明啊，你父亲过世，我很难过。但是我还是要跟尔说，你是长子，你父亲特别宠爱你，假如你父亲乃在世，继续无条件迁就尔的话，你将来可能就真会变成一个败家仔啦！从今往后，你不能再像从前一样当六少爷乱花钱，任性而为了，要好好用功，不要辜负你父亲对你的期望啊！"

林兆明点点头，记住了黄世伯的话。

广州培正中学于20世

青年时期的林兆明

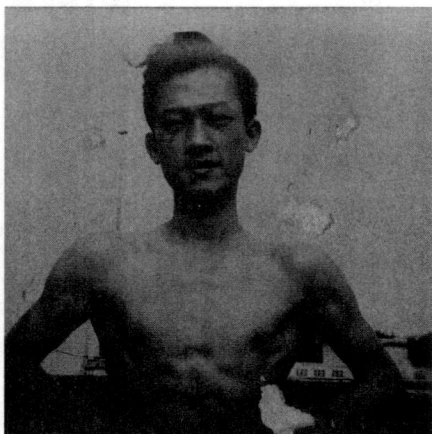

林兆明练拳击时的留影

纪初开始建造，校园古色古香，有许多华侨捐建的校舍。后来多次迁址，1938年，培正中学迁到澳门。1945年，培正中学的主体部分回到广州东山的培正路2号，当时仍有部分师生继续留在澳门办培正中学。直到现在，培正中学仍然是澳门名校。

那段日子可谓多事之秋。经历了家庭变故、世态炎凉，林兆明身上的家国意识、民族意识一下子觉醒过来。他的目光变得深邃了。

"真光珠，岭南牛，培正马骝头。"这是对广州当时三所高中名校学生特点的形象概括。意思是，真光女中的女生像珍珠一样漂亮，岭南中学的男生倔强如牛，而培正中学的男生堪比马骝（猴子）一样调皮活跃。

林兆明兄弟俩在广州入读的培正中学，学生多数是有钱子弟，有些比较调皮捣蛋，不过聪明伶俐。培正的入学考试很严格，师资好，学费也比较贵。

少年时代的林兆明个性直率，能言善辩，又会打拳，好讲义气，用广州话说就是"又打得，又讲得"（即：有本事，又能表达）。他在同学中很有号召力，理所当然成为学生会的领头人，有什么事情，大家都喜欢找他出头。不过他鲜明的个性，也常惹来一些麻烦。

幸好他在广州上学的监护人黄文宽世伯经常关照着他。黄文宽不但是广州有名的大律师，还是一位考古学家、图章篆刻家。他经常让林兆明到家里小住，像对亲生儿子一样，及时给他一些提醒和教导，让他逐步明白人生道理，立志成才。他对林兆明的成长起到指路人的重要作用。

培正中学有一个国民党军统身份的教官，带着隐秘的任务在学生中发展国民党的外围组织三青团员。他发现，林兆明在同学中表现出色，就有拉他入团的想法。没想到，他却几次三番遭到林兆明的拒绝。这位教官有点恼羞成怒，逮着机会就跟林兆明找茬。

有一次，他竟然在其他班的同学面前中伤林兆明。

正值血气方刚的年纪，林兆明怎可容忍这口恶气？他一口气跑到教官的办公室，要敲门进去评理。但教官就是不开门，还骂骂咧咧。林兆明一气之下，准备从窗口跳进去，那教官突然拔出一把闪闪发亮的军刀说："你敢进来，我就杀了你！"

林兆明一点都不怕，反而吓唬他说："我有枪，你要是敢动

高中证件照

一下，我就开枪！"

那教官一下子被镇住了。就在他犹豫之时，林兆明跳进房间，出手就是一拳，击倒那教官，他手上的军刀"哐当"一声掉在地上。

办公室外面不少围观的学生都在声援林兆明。

校长把教官和林兆明同时叫来，分别听他们的陈述。教官心生诡计，故意在校长面前歪曲事实，激怒林兆明，还把脸凑到他面前说："有种的你现在动手打我！"

林兆明再也忍无可忍，向着公然要无赖的教官伸出了拳头！这次，他闯下大祸了。校长立刻向警察局报警。没多久，一队警察持枪来到学校门口。这时，操场上也聚集了成群结队的学生。原来，同学们知道林兆明被教官诬陷，拳打教官，要被警察带走，立即从课室跑出来，一起罢课表示抗议。

林兆明镇定地对校长说："校长，为了避免更大的冲突，我跟他们走一趟。"

随后，马路上出现了奇异的景象：警察在前面走，身穿培正校服的林兆明走在当中，后面一大群同学排着队跟着，俨然是护卫队，簇拥着"落难的小英雄"。后来，因为警察找不到任何够得上拘留林兆明的证据，黄文宽律师也出面据理力争，林兆明很快就被放了出来。

这一事件被当时的报纸广而告之，林兆明因不畏强暴成了广州城中的学生名人。这段经历，对林兆明日后在《七十二家房客》中惟妙惟肖地塑造横行霸道的警察"369"有着重要的影响。

1946年，林兆明考入广州大学，学习与父亲同样的专业——法律。

新文化运动以来，教育救国的思潮涌动，广州大学就是这个时期的产物。1927年3月，该校由广东台山籍的教育家陈炳权在广州创办。这是广州一所私立高等学校，主要开设法律、教育等专业，校舍在文明路。由于资金短缺，办学比较困难，但前来报名应试的学生非常多。一直坚持到1949年，广州大学解散，部分师生移至香港。1951年初，广州大学与市内的国民大学、文化大学、珠海大学、岭南大学、广州法学院、南方商业专科学校合并改组为华南联合大学。

大学证件照

广州大学聘用了不少著名的教授、律师来授课，学校的文化底蕴很厚，师资水平高。李门、陈残云、秦牧这些后来成为音乐家、作家的名人，都曾在这所大学读书。

广州大学校舍简陋，没有学生宿舍，虽然有食堂，但是伙食不太好。经黄文宽世伯介绍，林兆明在基督教青年会租了单间住宿。

位于长堤的广州基督教男青年会，始创于1909年，是一个基督教性质的国际性社会服务团体，这里设施完善，有网球场、咖啡厅、音乐室和剧场。

20世纪40年代，它通过举办音乐会、体育活动、话剧活动来增强民众的爱国热情，团结青年，服务社会。著名音乐家马思聪、黄飞立等都在这里举办过音乐会。抗日战争期间，这个组织曾经得到周恩来的好评。

在这里，林兆明找到了一生至爱的表演艺术，接触了进步人士，追求自由平等，学会了做人。他说，在广州青年会的阶段是自己重要的人生转折点。

第六节　初入剧社

广州基督教青年会业余剧社，20世纪40年代是广州话剧界的一个活跃社团。说来也巧，林兆明加入剧社，却与拳击有关。

青年会有拳击训练班，由一个白俄罗斯人担任教练，林兆明经常去看仨教打拳。白俄教练不会说中文，他见到林兆明时常过来，就用英文和林兆明交谈，让林兆明临时充当英文翻译，帮他教拳击。有一天，白俄教练又把林兆明邀到操场打拳，林兆明就借机表演一下自己的拳艺。

正在这时，青年会业余剧社在室内排球场招募新社员，林兆明看到参选者朗诵水平也不过如此，就一时兴起，上前参加朗诵。

林兆明朗诵了岳飞的《小重山》和《满江红》两首词。他先是悲愤无奈，俯首低吟：

"昨夜寒蛩不住鸣。惊回千里梦，已三更。起来独自绕阶行。人悄悄，帘外月胧明。白首为功名。旧山松竹老，阻归程。欲将心事付瑶琴。知音少，弦断有谁听。"

紧接着，他慷慨激昂，放声高歌：

"怒发冲冠，凭栏处、潇潇雨歇。抬望眼，仰天长啸，壮怀激烈。三十功名尘与土，八千里路云和月。莫等闲、白了少年头，空悲切！

"靖康耻，犹未雪。臣子恨，何时灭！驾长车，踏破贺兰山缺。壮志饥餐胡虏肉，笑谈渴饮匈奴血。待从头、收拾旧山河，朝天阙。"

林兆明以完全不同的方法来朗诵这两首风格各异的诗词，表现岳飞截然不同的情绪和心境。考场内外顿时响起围观者的掌声。无心插柳，林兆明立即被吸收进青年会业余剧社。

中国20世纪40年代的戏剧，处于中国现代戏剧的大繁荣时代。40年代后期，"中国向何处去"成为全民族关注的大问题，剧作家采用历史题材借古讽今，借古喻今，涌现了一批优秀的历史剧、讽刺喜剧、剧场戏剧、广场戏剧和活报剧。

林兆明一进剧社，就演了很多名家的作品，有陈白尘的《悬崖之恋》《妯娌之间》和《警察与小偷》，有田汉的《风波亭》《薛仁贵》《鸡飞狗走》，还有宋之的的《群猴》《逃窜》……一颗年轻的心，奔突于文学与艺术之中，寻找阳光与氧气。

在《悬崖之恋》中，林兆扮演主角孙克欧。他着重表现一种懦弱无能的性格，热衷于追女仔，想用讨好、迁就的方式来取得女性的欢心，结果闹出连篇笑话。

林兆明在《悬崖之恋》中

《悬崖之恋》剧照

试演一结束，黎民就把林兆明拉到舞台边，喝彩道："你对表演的直觉是无与伦比的，你天生就是个艺术家！"

广州青年会剧场位于长堤中段，从西侧六二三路口至东面大沙头，珠江北岸这条五公里的沿江地带，是当时广州的十里洋场。广东省各地的客商几乎都是通过水道来省城，人和货物上了码头之后，基本上是改换自行车和人力三轮车。码头最集中的长堤必然成为交通枢纽旺地。

爱群大酒店、大三元酒家、大公餐厅、大同酒家、广州电影院、西濠电影院、羊城电影院雄踞于此，整条马路沿着珠江边走，这里还有一家"全广州最早开始做夜宵"的人人菜馆，其余地方全部摆满各类小食摊档，牛杂串、马蹄串、铛铛糖、肥仔米……全都只要三五毛钱，价格实惠。广州不同阶层的人都可以在这里找到吃喝玩乐的地方。每到剧场散场，这里就被堵得水泄不通。

广州青年会业余剧社时常在青年会剧场演出，这个剧社非常特殊，成员大部分是中共地下党员和地下学联成员，实际上是共产党的外围组织，由黎民、胡伟川、吴耀初等中共地下党员领导。他们都是广东最老资格的演员，大部分是专业剧社、演剧队解散后奉命留下的成员，包括：马方舟、崔南波、杨桦、黄飞立、余薇，以及进步学生伦景光等等。

林兆明与黎民、马方舟、崔南波等人来往甚密，结下深厚友谊。他们给年轻的林兆明带来深刻的思想影响，以及戏剧专业上的指点。他们一起探讨如何处理表演中真实与夸张的关系。这些都是让林兆明甘之如饴的话题。这些艺友，一直被林兆明称作艺术上的师兄师姐。

林兆明的妈妈虽然没有跟在儿子身边，但多多少少有一些"眼线"，让她从旁了解兆明的大致情况。当她听说，儿子和一帮爱演戏的男男女女整天混在一起，不由得担心起来，立即打点行装，从澳门坐船到广州看儿子来了。

余汉秋约见了马方舟，感觉还不错，她就让兆明把马方舟请到澳门，去家里住了几天。相处几天之后，余汉秋了解到，这个年轻人很正派，有正当职业，演戏是一种爱好。妈妈终于放心了。她对马方舟说：

"你们这些年轻人志趣相投，都是好朋友，希望你以后也能给兆明好的影响。"

"一定会的！兆明很聪明，热爱戏剧，又有才华，您不用太担心啊！"

母亲余汉秋

佘汉秋觉得这位年轻人谈吐不俗，彬彬有礼，甚是喜欢，又特别嘱咐一番。临别，还把一套西装和林兆明爸爸生前喜爱的烟斗作为礼物送给了马方舟。

几十年后，马方舟再次回忆起当时的情景，仍被兆明妈妈的爱子之心所感动。

这个时期，林兆明边演戏，边读名著和戏剧理论。名著中的人物、情景，都在他心中活跃起来，他在名著中"结识"了荷马、但丁，更"见"到了卢梭、莫泊桑、大小仲马、拜伦、雪莱，还把托尔斯泰、陀思妥耶夫斯基"请"到了宿舍，与歌德、莎士比亚、屠格涅夫等人欢聚一堂。林兆明还开始研读戏剧理论的书，有俄国知名导演、戏剧家斯坦尼斯拉夫斯基的戏剧著作《演员的自我修养》，也有聂米罗维奇·丹钦科的戏剧理论书籍。一琢磨起各类夸张与真实的表演形式，他就收不住思绪。

林兆明虽然年轻，但他在表演方面的才能突出，担纲主演了为数不少的话剧。很快，林兆明成为剧社的负责人。

长堤的青年会是共产党组织活动的据点，但是青年会高层人员中也有一位身份特殊的美国人洛活。他与国民党高层有接触，青年会就像有了一顶保护伞。中共组织安排了好多中共地下党员在其中工作。

青年会业余剧社曾改编排演了解放区作家赵树理的名作《小二黑结婚》，由崔南波导演并参演，林兆明主演。

首演那天，他们遭到警察的干涉。

这天晚上，粤海关大钟楼的大钟像往常一样，每过十五分钟就敲响一次，"铛——铛——铛"……

《小二黑结婚》准备开演，剧场门口人头涌动。由于每天晚上只演一场，又是提前卖票，观众座无虚席。突然，一队警察持枪封住剧场门口，不准任何人进出，宣布不准开场，要剧团的负责人出来。林兆明当时是剧社的负责人之一，只是学生身份，并不是共产党员。

面对荷枪实弹的警察，林兆明说："我是社长，负责剧社的演出。你们有什么理由要禁止我们演出？《小二黑结婚》的剧本是在书店买的，我们公开卖票演出，有演出广告，登过报纸。你们稍等一会，我立刻找人和你们交涉。"

林兆明立刻打电话找大律师黄文宽。经过黄大律师出面与警察局长交涉，终于把事件平息下来，剧社继续演出。

一出新戏终于完整地演完。散场时，"铛——铛——铛"，大钟楼的钟声又再次响起。就在那悠长重复的钟声里，剧社的话剧不停地上演、落幕。

林兆明不过是个二十岁出头的大学生，处理诸如此类的各种麻烦，甚至风险，却游刃有余，镇定自若，得到大家的信任。

林兆明和许多中共地下党员有密切交往，并结下深厚友谊。黎民，是林兆明参加革命的启蒙者、指路人，也是挚友知己。另一位是黄飞立，林兆明和他住在同一层楼的对面房间，一有空闲，两人就一起打桥牌，聊大天。黄飞立是一位优秀的音乐家，后来成为中央音乐学院的指挥系主任。

他们的话剧演出，有好几出戏都是由黄飞立亲自配乐，并有乐器现场伴奏，形式新颖，令演出生色不少，观众也感到很新鲜。当时的伴奏人员，有小提琴手杨桦。杨桦的太太陈华真是一名大提琴家兼钢琴家，也参加了音乐伴奏。

虽然是业余剧社，但是他们的话剧演出，在广州来说，可谓阵容强大，具备专业水准，深受欢迎。

在广州大学四年的法律专业学习，培养了林兆明严谨的治学态度、勇于探索的精神。而青年会业余剧社的经历，促使林兆明打下扎实的话剧理论基础，频密的舞台演出，更令他获得了宝贵的演出经验，从而迈出艺术生涯的第一步。

那是一个新旧交替的历史转折点。林兆明清楚地记得，新中国成立前夕，发生在广州的难忘的历史瞬间。

1949年9月30日，解放军兵临城下。大家都知道广州即将政权易主，海珠桥危在旦夕。

这段时间，林兆明经常来往于广州和澳门之间。他牵挂着母亲和弟弟妹妹们，但又放不下剧社和剧社的朋友们。

西堤码头叫四号码头，那里有渡轮专门去澳门，连同与之相邻的一、二、三号码头每天接待数不清的渡轮，人们从南海、番禺、顺德等四乡来省城办事必经此路。轮船是广州人远行最重要的交通工具，港澳来广州的人们乘轮渡来到西堤码头，接受出入关旅检。粤海关更在码头设有验货厂，国外来穗货物得从黄埔港运到西堤码头开箱验货。平时，广东省和港澳各地的旅客和客商在这里进出、验货，熙熙攘攘。

9月29日，林兆明从澳门乘搭最后一班船回广州。乘客寥寥无几。下午4点开船，天还没亮就到达广州西堤码头，长堤街头已见不到行人。

林兆明住的青年会宿舍在楼上的天台，正对着海珠桥，所有变化都看得十分清楚。

国民党军车将一箱箱炸药运到海珠桥顶，堆放在桥的两端，行人与车辆都不准通行。

国民党撤退台湾之前，要炸毁广州的海珠桥。大多数的平民既担心又害怕，能想到要去见证这些历史时刻的艺术家并不是太多。

林兆明先奔往宿舍的大天台，看到青年会剧社的朋友、摄影师赵慕志正在做抓拍的准备。他早已在天台搭好三脚架，镜头瞄准海珠桥。

林兆明说："很快就要炸桥了，小心一点啊！我去吃点东西就回。"

林兆明跑到青年会旁边一家很出名的吴连记餐厅，要了一碟炒河粉、一碗及第粥。刚吃了两口，就听到"轰隆"一声巨响，一条横梁，斜着插入了餐厅旁边旅店的六楼。

所有人，包括老板及伙计，都吓得飞奔逃走。餐厅门口躺着不少受伤的人。

林兆明跑回青年会，青年会已锁上大门。林兆明拼命叫开门。幸亏林兆明平时和看门人梁叔的关系很好，时常半夜回来，他都会给林兆明开门。这会儿，他马上开门让林兆明进去。

林兆明冲上四楼的天台，一看，海珠桥周围浓烟四起，桥身已从中间拦腰截断！零星爆炸还在继续。

赵慕志仍在拍摄，他在最危险的地方，最好的时机，以最好的角度，拍下了非常珍贵的历史照片。广州解放后，赵慕志担任了《羊城晚报》的首席摄影记者。

事后，青年会的总干事洛活重金买下了这些照片，马上电传回美国《时代》杂志，在封面刊登照片，做了头版报道。

这难忘的一幕，让林兆明深受震动。

一个时代结束了。随着新时代的到来，总有一些东西被毁坏，而以怎样的角度去记录这个变化，刻印变化带来的影响，艺术家有着极大的施展空间。

第七节　法律，还是艺术？

　　1949年10月14日，广州解放。南下大军边战边走，打进广州后疲惫不堪。眼见军装破烂的士兵队伍，当晚倒头睡在青年会门外的珠江沿岸，却不住进青年会设备齐全的众多客房里，林兆明心生敬意。

　　第二天，黎民、胡伟川、吴耀初等好几位同事都跑回剧社，商量组织欢迎解放军入城的街头演出。他们脸上洋溢着从未有过的兴奋、激情，挂标语、拉横幅，几个年轻

广州解放时，林兆明参加欢庆游行

人通宵达旦，忙前忙后。走在万木葱茏、绿叶扶疏的广州街头，林兆明明显感觉到，一种巨大的变化在广州城一天天呈现出来。自己也身在其中，变在其中。

广州大学毕业照

林兆明在大学攻读的专业是法律，父亲生前是有名的律师，一方面耳濡目染，另一方面学业专攻。作为林家的长子，大家都以为他会子承父业，但林兆明偏偏就在大学期间，参加了青年会的业余剧社，迷上了演戏。

法律和艺术，是两个差别很大的专业和行当。法律看重条文、证据、逻辑和推断的严谨性，艺术则讲究想象、表现和激情的独创性。

而林兆明拥有理性与感性交融的特质，这两种矛盾的性格元素在他身上得到了统一。一方面，他重逻辑推理，在众人面前演讲有理有据；另一方面，他感情丰富，在编写剧本和扮演角色中，总是有出人意料的想象力和创造性。

毕竟，林兆明在大学研读了四年法律理论，宪法学、法理学、民法学、刑法学、商法学、合同法学……虽然林兆明对这些枯燥的法理有点厌烦，但在毕业前，他并不敢想将来就完全脱身法律，改为投身演艺舞台，只想着时不时能上上台、演演戏，就很满足了。没曾想，毕业的这一年，正值新旧政权更替，很多原来的司法机构都随着国民党政府在大陆的崩溃而不复存在了。他所就读的原广州大学解散，部分专业迁到香港，合并入香港中文大学。

1950年1月，广州青年会业余剧社《小二黑结婚》剧组的原班人马在广东省各地巡回演出，慰问南下的人民解放军部队，轰动一时，受到热烈欢迎。

1950年3月，在青年会业余剧社的朋友推荐下，林兆明正式加入广州青年文工团。

林兆明虽然没有走子承父业之路，但他承继了父亲林景云的独立精神。

父亲的庄重、严苛，虽说是中国传统所造就的，但老一辈知识分子对独立精神的追求，使林兆明艺术个性的形成成为可能，也使林兆明在法律与艺术的选择迷雾中脱颖而出。

这不只是职业的选择，更是人生的选择。

这一年，青年会业余剧社的马方舟和伦景光也离开剧社去参军。分别在即，马方舟和林兆明彻夜长谈。

"兆明，我看了莫里哀的自传，我觉得你的经历真有点像莫里哀！"

"我像莫里哀？别开玩笑了，我怎可以和莫里哀比？"

"你看，莫里哀原来是一个大少爷，生活很富裕，很有学问，他却迷上了戏剧，加入流浪剧社，演了很多戏，创作了很多剧本。你也有如此好的家景、金钱与身份，你

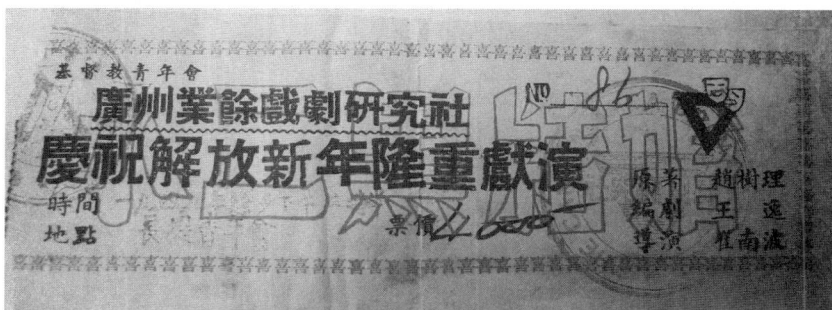

《小二黑结婚》戏票

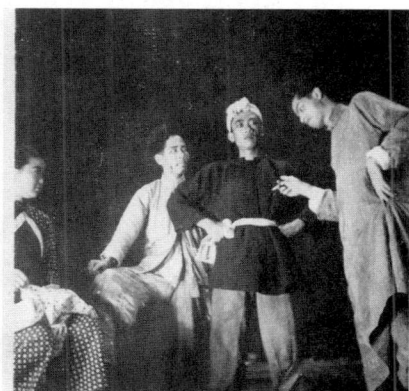

《小二黑结婚》剧照

《小二黑结婚》剧照

却自找苦吃，迷上了演戏。你也这么有才华，而且性格坚强，我相信你将来不比莫里哀弱。"

林兆明听了，不由得陷入深深的沉思。

新中国成立之初，从中央到地方，都成立了共青团下辖的文艺演出团体，广州的舞台上活跃着多个剧社，包括华南文工团、华南人民剧团、广州青年文工团等等。广州青年文工团是共青团广州市委的下属单位，成员主要是原广州和香港中共地下学联的学生。

这期间，林兆明参演了大量的小品和短剧，以拥护中国共产党及表现老百姓开怀拥抱新中国、迎接新生活为主题。林兆明本以为，自己会从此离开司法界，从事艺术工作了。

事实上，他走的路并非如此简单顺利。

广州青年文工团的驻地在财厅前。财厅前现位于广州北京路北段。财厅，就是原广东省国民革命政府财政厅。一座前面看三层、后面看四层的小白楼。这里曾是明清两代广东承宣布政使司所在地。林兆明天天泡在文工团，排练、演出，不分昼夜。

每一天，他都被身边同志们高涨的热情所激励，也被自己高涨的热情所鼓舞，觉得这样的日子过得充实，充满理想。

广州青年文工团分为舞蹈队、音乐队、美工队和戏剧队。不管哪个队，每天都去汉民公园（后改名儿童公园，今中山四路南越王宫博物馆）学习扭秧歌、打腰鼓。

南方人都不会扭秧歌，教他们的老师是从野战军文工团请来的。演出时，每人自带一个腰鼓，唱歌、跳秧歌舞。北方来的战士第一次来南方，为了答谢他们，林兆明和青年文工团的团友专门请他们吃香蕉和菠萝。没想到，他们都不会吃南方的水果，菠萝外壳坚硬，许多战士不敢尝试；听说广东的香蕉好吃，大家争先恐后地尝

在广州青年文工团期间的林兆明

了，结论却是："外面不好吃，里面好吃。"原来，他们不知道吃香蕉要先剥皮！这让文工团的伙伴们笑岔了气。

在轻松的玩笑当中，林兆明和团友们排演了一出又一出活报剧，像《放下你的鞭子》《活捉蒋光头》等等，林兆明演的"蒋介石"谐趣十足。不论演什么角色，林兆明总能够亦庄亦谐。

在青年文工团收入很少。所有干部实行配给制，每个月工资是三块五角钱。林兆明的全部财产只有一件大棉袄、一张两斤重的棉被、两对袜子、一双胶鞋、两条内裤、一套灰色军装和一顶帽子。每个月配给两包最便宜的伯爵牌香烟，还有两块肥皂。

虽然生活艰苦，但林兆明心情却很愉快。

1950年6月，林兆明到广州青年文工团不到一年，变化就来了。

刚刚成立的新中国百废待兴，缺乏司法人才。国务院下发通知，要求全国凡是大学毕业、学过法律的人员，一律归口，到司法部各个分局集中受训。林兆明的情况正属此列，当然也被安排到武汉的中南分局司法训练班报到集训。

能去司法部门工作，正是学有所用，那可不是普通人能去的。难道林兆明不情愿吗？

俗话说，难得有自己心头所好。他确实不想离开文工团，但也只能服从分配。

林兆明离开广州，到了武汉。中南局的司法部长亲自担任集训班的班主任，武汉中级人民法院院长担任班长。中南区各省地委级的法院院长都集中在武汉受训。

刚刚成立的新中国还没有自己完整的法律，学员们就学习政府颁布的一些临时法令和案例。集训班请知名教授及法律界高层人士来讲课，讲授一些法律常识，还有大陆法、海洋法等。

几个月后，集训结束了，学员由国家统一安排工作。由于林兆明学习表现优秀，他担任广东省司法学员队伍的领队，带队返回原地报到。接着，林兆明被安排到肇庆地区担任法院审判员。

虽然林兆明内心希望继续演戏，但是看到国家在司法领域用人确实紧迫，也就把心一横，决定不搞文艺了，做

林兆明（四排右七）在中南分局司法集训时的留影

法官算了。

在法律和艺术的选择面前，林兆明曾经准备选择法律，但是很无奈……

世事莫测，神奇的事情发生了。

出发那天早上，林兆明买好去肇庆的船票，托运了行李，准备傍晚上船。

刚走到码头，有人喊住了他："是林兆明吗？你要去哪里呀？我到处找你啊！"

原来是杨桦。

杨桦是中共地下党的外围工作人员、林兆明在广州青年会业余剧社的好朋友。他告诉林兆明，自己现在是广州市文工团的副团长。

广州市文工团刚刚成立，杨桦正苦于找不到合适的演艺骨干，苦于找不到能够挑起领导担子的人才。与林兆明的巧遇，让他喜出望外。他觉得，自己要找的人就在眼前。

他拉着林兆明的手，生怕他又跑了：

"这段时间你去了哪里呀？"

"我不演戏了，准备去肇庆当法官。"

"你胡说什么？广州市文工团刚成立，十分缺人，特别是话剧队，你过来当队长吧。"

"别开玩笑，我的行李已经装上船了。"

"行李先别管，你无论如何不能走啊！我马上带你去见领导，说清楚团里的需求，申请将你调入广州市文工团。"

就这样一番周折之后，1951年，林兆明正式调入广州市文工团。

兜兜转转，真是人算不如天算，一段"船下留人"的巧遇，注定了林兆明与艺术的不解之缘。

林兆明从"法官"又变回"演员"，重返艺术舞台，回到自己钟爱的话剧的怀抱。

几年后，在林兆明本该去报到当法官的地区发生了一件轰动全国的大案，几个持枪抢劫的刑事犯被依法判处死刑。部分家属不服，围攻法院，理由是法官和审判员都是地主家庭出身，他们没有权利审判贫农出身的人，判处贫农出身的案犯死刑，就是阶级报复。在那以阶级斗争为纲的年代，法官、审判员和记录员大祸临头，都被误杀。

多年以后，几家报社披露了事实真相，三个被错杀的司法人员终于获得平反。

林兆明想想这件事，还真有点后怕。自己脾气耿直，行事做派总是按章办事，如果自己当时在场，谁知道会是怎样判案呢？恐怕也逃不掉和那几位审判员一样的命运啊！

林兆明唯有感谢命运给予自己的奇妙安排。

第八节　从艺不言悔

　　生活很快又给林兆明以沉重的警示。

　　林兆明选择了留在广州搞话剧。他觉得广州是个好地方，但对母亲、外公以及对澳门的一大家子亲人却有了更多的牵挂，他跟外公提议：

　　"现在广州解放了，太平了，您可以在中山乡下建一间小别墅，时不时回来住住。"

　　林兆明母亲的家族是南美洲巴拿马华侨，外祖父余达鸿除了在南美有生意，在澳门也有不少商行。他自己还开了一家汽油公司，由子女经营。

　　外公一向疼爱林兆明这个外孙，就听了他的话，在中山盖了间带花园的小洋房，时常从澳门回中山的乡下别墅住几天。

　　没有料到，1951年，外公有一次回中山乡下，遇到当时的镇反运动，被误当作"地主"、"反革命"扣押批斗。遭遇不堪细说。

　　在那个非常时期，有些事情谁也始料不及。

　　这件事没多久惊动了当时的国务院领导。余达鸿的四女儿——林兆明的四姨以巴拿马总统亲戚的身份，向当地中国领事馆申请回国探望父亲。余达鸿作为老同盟会员，在辛亥革命中曾支持孙中山革命行动的经历也被查实。很快，广东省委有关领导接到督促当地乡镇纠正错误的指示，并请林兆明的四姨从巴拿马回国探亲，与父亲见面。随后，林兆明的外公和四姨由省委领导安排妥当，送回澳门的家里。

外公临离开广州前，和外孙林兆明告别。

祖孙俩百感交集，无以言说。林兆明感到十分内疚："都是自己一句话，令外公受了许多苦啊！"

这件事有偶然因素，也有必然的原因。

但，这并没有动摇林兆明继续留在广州演话剧的意愿。

20世纪50年代，广东文艺界为延揽文艺骨干，文艺团体合并、人员转调是常事。华南文工团是中共中南局党委1949年在东江成立的文艺团队，林兆明作为广州市文工团的主要演员，在此期间被调入了华南文工团。

这里和全国的文艺宣传团体一样，政治宣传任务很重，除了演出，还要参加土改。林兆明和同事们刚去报到，放下行李，全部人员就被派去参加土改。

华南文工团被派到广东一些贫穷的乡村，与村民"三同"——同吃、同住、同劳动，生活非常艰苦。

下乡在罗定山区，任务是征粮与整顿农会。到处出没的土匪设置重重障碍，制造了不少麻烦，甚至穷凶极恶，威胁说要干掉他们几个。

林兆明无所畏惧，访贫问苦，扎根串联，终于挖出囤积粮食的土财主，把农会抓到自己手里。

林兆明（三排右四）在华南文工团参加罗定地区土改时留影

这段惊险的经历，为他日后的创作开拓了一个全新的艺术空间，深深嵌入他创造的话剧人物中。

显然，征粮工作是如此艰难，日常生活也非常不易。林兆明体验到最窘迫的农村生活。

一日三餐只是粥水、野菜，偶然能吃一顿木薯已十分开心。冬天很冷，农民都只穿单衣，最好的条件就是用小火炉烧炭取暖。这对于从小饭来张口、衣来伸手的洋场公子来说，是一个相当大的挑战。

偏偏他好强，丝毫不胆怯，哪怕累得半死，也要把任务完成得井井有条，做得非常出色。

土改即将结束，临离开前，农村"三同户"为了感谢林兆明，专门做了一顿饭给他吃。这是林兆明土改半年来吃到的唯一一顿米饭，有一条鲤鱼，一碟青菜，一小碟豆豉。林兆明本来怕鱼刺，平时不吃鱼的，但盛情难却，就硬着头皮吃了。吃完饭，林兆明才惊讶地看到，农民们是把所有鱼骨和鱼头都嚼下去吃完的。

林兆明十分感慨，原来广东的山区还有这么多贫困的人，依然挣扎在饥饿与死亡的边缘。

这种艰苦的生活图景，刻印在林兆明的脑海中，成为他日后塑造《珠江风雷》的周耀信村支书、《山乡风云》的何奉老佃户等人物形象的生活积累。

土改运动之后，林兆明和文工团其他同事一起，重新回到广州，华南文工团的艺术活动回归正轨。没多久，林兆明主演了多部话剧，包括《夫妻之间》《出路》《刘连英》等等。

林兆明与广东广播的渊源深厚，他是最早在广东电台录音的语言艺术家之一。

50年代初期，林兆明除了在广州市文工团演话剧，还应广州人民广播电台(即广东电台的前身)的邀请录制苏联的短篇故事和诗歌。莱蒙托夫的《一吻把我们燃烧》、帕特里克亨利的《不自由，毋宁死》都是他的保留节目。他还讲过工矿故事《老梦大叔》，朗诵过革命烈士蔡梦慰的遗作《黑牢诗篇》……

林兆明印象最深的是苏联诗歌《爱情的故事》，一直到八十八岁录制广播自传的时候，还能随口背诵出来。

那段时间，林兆明不但和广播结了缘，也因为这些意境优美的诗歌，他和爱妻麦庆生相识了。

1951年，林兆明结婚成家。

投入话剧以来，林兆明先后参加了三个专业剧艺团体，包括广州青年文工团、广州市文工团和华南文工团。

在广东文艺界，他是唯一参加过以上三个剧艺团体的人，被称为广州文艺界的"稀有文物"。

在马不停蹄的体验生活与舞台演出中，他积累了多种生活阅历，沉淀了丰富的演艺经验。

与参加罗定土改时结识的挚友黄铁华（左一）、郑康荃（中）80 年代同游肇庆时合影

林兆明（左二）在话剧《珠江风雷》中

第三章　创造经典

学法律出身的林兆明，

并没有顺理成章成为一名律师，

经历了命运的种种巧合与安排，

几经周折，

投身于艺术，

在粤语话剧的舞台上，

塑造了近百个个性鲜明的人物形象，

成为实力雄厚的话剧表演艺术家。

第九节　粤语话剧

这天，林兆明和同事蔡传兴去广州泮塘仁威庙采风。他们早就听说，经常有江湖艺人在这里卖艺。为了吸收更多民间艺术的养分，他俩要实地看个究竟。

广场上锣鼓响起，来卖艺的人，有耍猴的牵着猴子和山羊，猴子翻筋斗、竖蜻蜓、骑着山羊跑圆场，都没太多新意。但当卖武的人来到了广场，人们的兴致一下子就提了上来。

在广州街头卖武，一般由三四位武师搭伙。一阵紧锣密鼓之后，为首师傅走到场中央，抱拳吆喝：

"伙计，慢打锣！"

伙伴应和："慢打锣。"

师傅又喊："打得锣多锣吵耳！"

伙伴回应："炒猪耳。"

师傅再喊："打得更多夜又长！"

回应则说："炒猪大肠。"

在以逗笑方式吸引观众后，师傅便介绍他们来自何方门派，擅长什么拳脚之类。几个人轮番耍刀弄棒，等观众鼓掌叫好时，他们就翻转小锣讨赏。这就是卖武。

林兆明和蔡传兴看得饶有兴趣。一边往回走，林兆明一边就和蔡传兴聊起来，可不可以把这种卖武的逗乐方式改编成舞台表演的相声呢？

他们都被这个主意撩拨到兴奋起来，回到团里，俩人就马上合计了一个新节目。

接下来，他和蔡传兴演了不少杂耍剧，实质上就是相声的雏形，用卖武的形式演出。

甲问："你贵姓？"

乙答："唔讲住。"

乙问："你呢？"

甲说："你讲先。"

乙答："我都话，唔讲住。"

两个人争了半日，最后甲说："我姓吴，叫作广住。"

乙又说："咩！我已经答咗你啦，我姓李，叫作广先。"

就是这样，他们相互之间彼此释疑，互相问候，互相抬杠。

林兆明在解放初期表演了很多这种形式的相声，粤语方言在其中表现得非常谐趣，富于幽默感。

不管在广州青年文工团、广州市文工团，还是华南文工团，林兆明演的都是粤语话剧和粤语相声。

粤语话剧，以粤语为本，植根于岭南地区文化，以生动活泼的地方语言和本土特色，受到广大百姓的喜爱。

在五六十年代，作为广东地区话剧界有影响力的演员，林兆明主演了《六号门》《夫妻之间》《出路》《刘莲英》《年青的一代》《将一切献给党》《山乡风云》和《七十二家房客》等一批粤语话剧。他以丰富多变的表演手法，塑造了多个风格各异、个性鲜明的艺术角色。这些剧目演出，以其独特的感染力、极大的鼓动性和宣传性，给广大民众带来新鲜的观念，在广东地区产生了轰动效应。

广州文工团排演了一出话剧《六号门》。这出戏又叫《搬运工人翻身记》。故事是根据天津搬运工人集体创作的同名舞台剧改编的，讲述解放前夕的天津码头，搬运工人受尽恶霸压榨，挣扎在饥饿和死亡线上，连亲生儿子都要出卖。

林兆明扮演男主角胡二。这是一个备受苦难折磨，贫穷而孝顺的搬运工人的形象。当演到胡二要忍

《搬运工人翻身记》剧照

痛卖儿那场戏时，林兆明在台上泪如雨下，几乎连台词都说不出来。

当时，林兆明的妻子麦庆生刚刚怀了孩子。作为一个准爸爸，他对骨肉之情感同身受，心如刀割。

胡二的妻子由李春晓饰演。她是一位感情丰富的才女演员，化了妆就开始入戏，一上台就流泪，一直哭到散场。

这个剧故事感人，表演到位，很受大众的欢迎，一连演了七十多场。

50年代初，话剧舞台有一批像《六号门》这样的作品，主要是控诉阶级压迫，激发民众对新生活的热爱。林兆明所塑造的这个角色，从人情和人性的角度真实体现，反映人的本性，所以能够打动人，让观众产生共鸣。

李春晓后来和丈夫袁效贤一起离开了话剧舞台，成为《羊城晚报》的知名记者，他们同时又以出色、感性的文笔著称。

林兆明和他们两口子成为莫逆之交，几十年来都来往不断。

林兆明热情、豪爽，好些他的台上拍档，都和他成为好朋友。1952年，华南文工团排演了首个多幕话剧《出路》。林兆明扮演男主角张国雄，缪燕飞扮演张国雄的妹妹。他们合作默契，表演流畅，由此成为好朋友。缪燕飞非常尊敬这位艺术上的兄长，平时聚会时，缪燕飞总称林兆明为"明哥"。他们还一起合作排演过广播剧，多年来交情深厚。

1953年7月，全国文工团进行整编，中共中央华南分局宣传部决定成立华南话剧团（广东省话剧团前身）。华南话剧团下设普通话队和粤语队，其人员大部分由华南人民剧团、华南文工团戏剧部、广州市文工团和青年文工团的戏剧演出队伍合并组成。艺术人才高度集中，当时被称之为"群贤毕至，少长咸集"。

《出路》剧照

1956年底到1957年初，当时全国正推行普通话，剧团是以粤语为主还是以普通话为主，引起了很大的争议。最后决定取消粤语队，并选派粤语队的部分人员到战士话剧团和北京学习普通话。林兆明就在这时被派往北京青年艺术剧院学习普通话。

林兆明在岭南土生土长，对粤语有着根深蒂固的感情，学习普通话总是带点广东口音。由于林兆明的情况比较特殊，北京青年艺术剧院派出最好的普通话教师郭

20世纪50年代，林兆明（后排左四）和华南话剧团团友合照

林兆明（一排右二）、缪燕飞（二排右三）在南方戏院参加华南话剧团《出路》演出留念

老师给林兆明上课。郭老师是北京著名的台词正音老师。金山、石羽等著名演员都专门请他正音。郭老师对林兆明特别好，时常给他开小灶，让林兆明到他家里上课。

林兆明后来自嘲说："我这个不成材的学生，对不起名师啊。在北京住了半年多，普通话水平没有多少提高，戏剧界的好朋友倒是结交了不少。"

直至1957年2月，经中央文化部批复："粤语队不能取消。"于是，华南话剧团拆分，成立广东省话剧团（即广州话队，隶属于广东省文化局管理）和广州话剧团（即普通舌队，隶属于广州市文化局管理）。

1958年，这两个话剧队为配合大跃进宣传，深入最偏远的农村作巡回演出，同时培养了大量基础观众。

1958年，林兆明在话剧《将一切献给党》里，成功塑造了男主角吴运铎，一个甘愿为革命工作鞠躬尽瘁的党委书记形象。就在其中一次演出中，林兆明因过于劳累而演了一场戏中戏。

在这场戏中，主人公的手臂被炸伤了，急救后在帐篷休息。因为每天演好几场戏，无论是精神和体力消耗都非常大，林兆明太累了，一躺下就真的睡着了！扮演护士的马雨秋不忍心叫醒林兆明，却又忍不住笑了起来，差点无法继续演出。后来，她顺势将林兆明拉起来，坚持继续演了下去。这出戏一连演了几十场。

演话剧，是一种需要精神高度集中的工作，身体稍有不适，就会影响全剧的流畅表演。除了演出，林兆明还参加装台拆台，搬运道具。正是由于超负荷的工作，林兆明的营养与睡眠严重不足，健康亮起了红灯。

那天，演出结束了，林兆明帮着去扛一百多斤重的木箱，里面是沉重的灯光道具，走着走着，就连人带箱倒在地上，立即被送去医院。

经检查，医生发现第五腰椎间盘脱出，要林兆明动手术。但林兆明不肯，只是用钢条做了一个腰围，固定腰椎，仍然坚持演出。为艺术，林兆明进入了废寝忘食的忘我境界。

1958年，林兆明被评为广东省先进文艺工作者。作为广州话队队长，他带领的粤语农村演出队被评为广东省先进文艺演出队，林兆明作为先进代表在表彰会上发表感言。

然而，广州话队的命运一波三折。

1959年，广州话队被再度取消，全体成员被要求去支援电影制作。这是短短几年间，广州话队经历的第三次被撤并。

不过，这次撤并很快又得到重合。经历数次变化波折，粤语剧团随即迈入艺术成熟期，大部分演员对于粤语表演语言的运用炉火纯青，剧团根据地方特色改编的剧本也更加富有生活气息。

1966年，林兆明担纲主演话剧《年青的一代》。

《年青的一代》是剧团根据电影改编的话剧，受到年轻观众的热情追捧。地质学院学生肖继业和林育生毕业后分配到青海的一个地质队工作。林育生害怕艰苦，离队后想在上海找工作。而肖继业在有截肢的危险下，仍安心在边疆工作。林育生在肖继业的影响及养父的教育下，终于醒悟过来，和女友一道回到了地质队。

林兆明风华正茂，他扮演的团支部书记肖继业，同样充满青春活力，正直无私，倔强又有理想。由于年龄相近，性格相似，林兆明演得很顺手，受到观众好评。

戏演得越多，林兆明越体会到，一个好的演员，除了要有良好的表演技能、聪敏的理解力与记忆力、合适的外形及声音条件之外，还要具备良好的体魄和吃苦耐劳的精神。

这段时间，他的艺术创造力爆发，成就了一个足以载入粤语话剧史册的经典人物形象。

第十节　经典"369"

　　1961年，广州城内名气最大的三家戏院——东乐戏院、海珠大戏院、南方戏院都先后被一出粤语话剧轮番"轰炸"。

　　东乐戏院（后来的红旗剧场）在中山四路忠佑大街东侧，有上千座位，场场爆满。

　　长堤的海珠大戏院，又名同庆戏院、人民剧场、岭南大舞台，三层楼共有一千九百多个座位，容量之大成为广州市戏院之冠。卖票的时候，铁栅栏都给挤破了，票房的玻璃好几次被挤碎，后来卖票都要请警察去维持秩序。

　　南方戏院在繁华的北京路商业区，教育路与西湖路的交汇处。买票的队伍都排到中山五路去了，每期五天七场的票，一个上午就卖完。每次买票，观众要隔夜排队。那时候靠近春节，天气冷，有的人为了抢先，带着棉被连夜在票房门口等着……

　　这出"爆棚"的话剧就是广东省话剧团的《七十二家房客》。

　　舞台大幕拉开，滑稽而富有岭南气息的暖场音乐响起，有一幢破烂狭窄的楼房，住了七十二家房客。这是40年代末广州一个贫民区，他们之中有小摊贩、补鞋仔、裁缝、舞女和落泊医生……大都过着艰辛凄凉的生活。包租婆八姑仗着同居男人太子炳的黑社会势力，欺诈房客，为把房屋高价出售，串通巡警"369"，逼房客搬迁。他们遭到飞机福、补鞋仔、金医生等房客的抵制。太子炳为了赶走房客，答应"369"将八姑的养女阿香送给警察分局长做小老婆。各位房客为救阿香，以金蝉脱壳之计，让她和补鞋仔双双脱离虎口。八姑等因为得罪了警察分局局长，恶人自有恶人磨，落得个可笑可悲的下场。

在话剧第三场，林兆明扮演的巡警"369"到飞机福家查户口。

"369"大摇大摆走了进去，刚一坐下来，就跳起来："哎哟，怎么成群虱子咬我？"

飞机福："那你踩死它们啰。"

"369"边说边走到桌子旁边："哼，你家的木虱关我屁事啊？"

飞机福往桌子一指："桌上也有的！"

"369"腾地跳起来，要坐到床上。

飞机福："床上更加多！"

"369"又跳离床边："那我站在这里！"

飞机福："地板都有的！"

"369"扶着墙双脚离地蹦起来："那我站哪里呀？"

飞机福："这里本来就没有你站的地方。"

"369"："你今年多大？"

飞机福："四十岁。"

"369"："正合适，抽壮丁，走！"

这是"369"向飞机福敲诈的片段。"369"可恶，又搞笑。

林兆明用夸张的手法来表现"369"这个多重性格的角色。他去查户口，在飞机福等老百姓面前张牙舞爪、不可一世，走起路来有如"蟹行虎步"的形状——左顾右盼，双肩低垂，腰向后，手在身后摆动，两脚大步叉开，让人一看就知道是个惯于跑腿，善于敲诈的老手。他的表演把台下的观众逗得前仰后合。

《七十二家房客》本是上海滑稽剧团的戏，由杨华生主演。1961年，广东省话剧团将故事背景改到广州，重新创作演出。为了不落俗套，导演王守一要求演员尽量发挥，排练时坚持不看上海版本的演出。

在《七十二家房客》中饰演"369"

"369"既凶狠又

自夸，同时有些天真、轻信，还有些"一根筋"。他在阿香面前吹牛皮，自称再世"包公"，抱打不平。而当他听到，阿香原来是八姑和太子炳的养女，就缩手不敢管了；不但不管，反而向同情阿香的补鞋仔抽壮丁税，后来还合伙栽赃冤枉补鞋仔发仔偷八姑的包袱。谁知，被阿香发现了，将包袱从补鞋仔的房间拿回八姑家里，在全部房客面前出尽洋相。

正因为他的"一根筋"，才有了产生笑料的无限空间，林兆明在这上面找到了人性的共通点。他这样设计"369"的外形，见到有利可图时，身向前倾，作饿虎擒羊状；耀武扬威时，就身向后仰，显示他的巡警老爷的威风。

观众觉得这个"369"似曾相识，既让人觉得可恶又可笑，还能够接近，真实自然。所以很多观众模仿"369"的口头禅，有些观众还模仿"369"要金医生给他拔牙时"嚟啦（来吧）……黎啦……"的滑稽台词。

上海话版的《七十二家房客》因为语言的问题，广东的观众在欣赏上有些障碍。广东省话剧团对剧本做出大改动，从故事的背景、舞台的设置、人物的塑造、演员的表演，整个风格都广东化，让观众一看就觉得非常亲切，有共鸣。林兆明的夸张表演让人物的喜剧味更强。剧中还有熟悉的粤曲小调，唱词也相应做了改动，由当时粤剧界的才子杨子静撰写，让演员边讲边唱。这样，从演出风格、台词、人物的性格都有所创新，成为一部地地道道的粤语话剧。

整个剧组都对这出戏的台词语言非常讲究。粤语翻译是最费工夫，也是最重要的。林兆明担任粤语翻译组组长，他提出，剧本要翻译得准确、通俗，但不能庸俗。粤语差之毫厘谬以千里，翻得好会让人拍案叫绝，翻得不好会让人觉得庸俗不堪。

林兆明花了很多时间去改编，用粤语翻译《七十二家房客》，"369"讲的广州话，偶尔还加上几句中山口音，极富喜剧感，一下子就吸引住了观众。林兆明设计了中山话的口头禅："你个斩头鬼，我一眼望去就知你不是好人啰！"明明是敲诈勒索，他还说："益下你啦。"

这部粤语话剧的演出阵容鼎盛，与林兆明一起演出的有张悦楷、许芬、蔡传兴、吴克、王弦、林青而、叶素琪、邵立人、秦可凡、陈晰等。他们都是演艺精湛的演员，语言、台型、表演功力超凡，让每一个角色光彩照人。林兆明一直认为，这个戏的成功是整个团队的成功。

林兆明用非常夸张的手法饰演反角，开始是有争议的。试演时，团长还找林兆明谈话，建议他稍微改一下夸张的风格。林兆明认为，自己的表演没有问题。他对团长说："让观众来评价，如果观众不接受，我改；如果观众接受，谁也不要让我改。"

他坚持自己的主张，导演王守一也很支持林兆明。他鼓励说，不必一味追求真实，就按这条路子走。

林兆明对自己的创作是有把握的。

第二天，在东乐戏院彩排演出，全团在忐忑中开戏，在狂风暴雨般的掌声中谢幕。观众一直热烈鼓掌，站在剧院里不肯离去，很多人拥上台照相合影，十分轰动。

《羊城晚报》《广州日报》的评论文章认为："林兆明的表演夸张而不失真，诙谐而不油滑。""林兆明将'369'演绝了！"

一夜之间，"369"成为街头巷尾热议的人物，也成了林兆明的代名词。大街小巷的人们见到林兆明，都亲热地称他"369"。

面对观众的热情，剧团无以为报，"我们上午演、下午演、晚上也演，一口气不停地演，第一年演了两百七十场"！1961年到1962年两年，广东省话剧团将《七十二家房客》"带到全省各地去演出，人还没到，票就卖光了"。林兆明回忆起当年的演出盛况，连称这是粤语话剧繁荣而"疯狂"的时代。

《七十二家房客》两年内演出了近三百场，创下话剧表演的最高票房。老广州人几乎无人不晓。

小摊贩、补鞋仔、裁缝、舞女和落泊医生……台上的演员们演的不是戏，而是展示了解放前底层民众真实的生活状态。在娱乐缺乏的年代，粤语话剧接地气、富地方气息的表演，为广府文化砌出一座高山。

粤语话剧《七十二家房客》，成为广东省话剧团广州话团队成立以来最成功的剧目。广州的珠江电影制片厂、香港的邵氏电影公司曾多次将它翻拍成电影，现在南方卫视制作的电视短剧《七十二家房客》，以及早几年周星驰拍的电影《功夫》也和它大有渊源，其中的一些场景、人物和它非常相似，都被称为"向《七十二家房客》致敬之作"。

《七十二家房客》公演第一百场留影

多年之后，文艺评论界分析，到底是什么原因让《七十二家房客》在20世纪60年代的广州产生这么大的轰动？

专家们认为，当时粤语团队演员阵容强大整齐，形象鲜明，个性独特，不但在表演上各有特色，在外形上，高矮胖瘦配搭得也非常完整。天时地利人和，创造了粤语话剧的经典之作。林兆明以往扮演的角色大多数是正面形象，而他在话剧《七十二家房客》中，以精湛超群的演技，夸张的喜剧手法塑造反角"369"，创造了粤语话剧的经典人物，充分体现了一名优秀演员深厚的表演功力，以及塑造各类正反角色的创造能力。

粤语话剧《七十二家房客》一炮而红之后，1963年珠江电影制片厂拍摄了粤语方言喜剧片《七十二家房客》，由著名作家黄谷柳编剧，王为一导演。这是一部在粤语电影史上难得的经典作品，在粤语地区及海外发行，上座率极高。这是当时唯一一部在美国公映、由中国大陆生产的影片，得到电影界的一致称赞。

当时，王为一曾找到林兆明，想请他出演"369"，但由于种种原因，林兆明未能答应导演的邀约。林兆明也因此和电影失之交臂。

1979年，《七十二家房客》被重新搬上刚刚拨乱反正之后的粤语话剧舞台，由广东省话剧团原班人马表演。演出多达一百多场，再次博得一片喝彩。

虽然时光不饶人，他们原班人马出演，在体型、年龄上都有所变化。而林兆明就抓住一点，巡警可以是年轻的，也可以是年老的，林兆明保留了原来的夸张的表演基调，塑造了一个老差骨（老巡警）"369"。

1973年，香港邵氏电影向新联公司取得这个影片版权之后，进行了重拍。香港著名武侠导演楚原担任本片导演，岳华、沈殿霞、胡锦、南红等港星出演其中角色。谁都想不到，就是凭着这部电影，让粤语片再次复兴，让香港的电影掀开了新的一页。

怎样看待《七十二家房客》后来出现了如此之多的不同艺术呈现呢?

林兆明认为,正是由于这部《七十二家房客》的深远影响,内地、香港以及东南亚地区在20世纪60年代中后期至今,不断根据这部戏改编拍摄了不少话剧、舞台剧、电影、影视剧、情景喜剧,乃至于广告创意等等。艺术家们都在用不同的方式,苦心经营这部经典艺术作品,使其艺术魅力得以延续、传承和发展。

《林兆明的艺术人生
之经典369》原声

第十一节　进京演出

粤语话剧《七十二家房客》大获成功之时，正是我国文艺政策的调整时期。

1961年6月，国务院总理周恩来在北京主持召开全国文艺工作者座谈会，促成了一份重要的政策性文件《关于当前文学艺术工作问题的意见（草案）》（简称"文艺十条"）。这为随后召开的广州会议进行了思想铺垫。

广州会议，即全国科学家座谈会和全国话剧、歌剧、儿童剧创作座谈会。后者是文化部、中国戏剧家协会首次召开的全国戏剧创作会议。

1962年3月2日，中国戏剧家协会主席田汉、郭沫若、阳翰笙、老舍、夏衍、曹禺、于伶、陈白尘、洪深、周巍峙等一百六十多位剧作家齐聚广州的羊城宾馆。大家聆听了周恩来关于话剧、歌剧、儿童剧作家要破除迷信，解放思想，突出时代精神，塑造好典型人物的讲话精神。时任国务院副总理的陈毅更呼吁，要给作家选择题材的自由、创造艺术风格的自由、探讨艺术问题的自由。他告诫艺术领导人要尊重作家的劳动，要尽可能给作家创造良好的创作条件，否则只能扼杀作家创作的积极性。

这些讲话，让全国的话剧艺术工作者们如沐春风。

与会的艺术家热烈讨论了进一步促进戏剧创作百花齐放、百家争鸣和表现人民新时代的问题。

林兆明每天从广播电台和报纸上密切关注到这些新闻，一听完最新的报道，他都自言自语地说：

"这真是一次极为难得的盛会！"

恰逢其时，广东省话剧团演出了另一个重头戏《全家福》，这是根据老舍的剧本改编的粤语话剧。林兆明再次担纲主演，饰演派出所的诸所长，帮助骨肉离散的贫民一家喜获团聚。

剧团专门邀请老舍和在广州参会的部分剧作家来观看《全家福》的演出。老舍、曹禺等几位名家欣然应允。

林兆明和剧团同事们既感荣幸，又诚惶诚恐，生怕出错。

老舍的《全家福》叙述北京一个胡同里的平民王仁利、李珍桂一家，解放前因战乱而妻离子散，解放后，经过派出所民警的热情帮助，骨肉团聚的故事。老舍用浓缩的语言、紧凑的情节以及老北京的日常用语，平实真切地描写出了1958年北京老百姓的普通生活，短短三五幕场景中，复杂的故事和人物完整而又清晰展现出来，是一部备受喜爱的作品。

当广东省话剧团向老舍先生提出改编《全家福》的时候，老舍先生有点担心，传话过来说不准改动，但以林兆明为组长的台词组还是坚持用地方特色去改、去演。

这个剧在平安大戏院上演。在十甫路上的平安大戏院是广州的老字号剧场，位于西关上下九附近，东靠荔枝湾，南向十八甫和六二三路，西靠长寿路，以演出粤剧、曲艺等多剧种为主。当时设备比较老旧，板凳又硬又窄。观众都是拖男带女、衣着随便的街坊。

在这里招待老舍先生和曹禺先生等北京来的著名作家，让团里人有点不安。

演出开始了。他们除了把台词翻译成富地方气息的用语外，还把角色的身份也改变了，北方老太太变成了广东的街坊，服装造型完全按广东人的审美观设计，角色的生活习惯也被改造成粤式的，广州人的世俗化生活成为主要背景，完全打破原普通话话剧雅化处理的惯例。

台下观众反响热烈，出乎意料地热烈！

剧终，老舍先生走上舞台，高兴地握着林兆明和其他演员的手说："演得好，演得好！"

林兆明："为了让广州市民看懂，我们做了一些本土化的处理。"

老舍："我在全国看了那么多版本的《全家福》，改编得最好、演得最好的就是你们。"

用粤语演出的世俗化效果，正是老舍原来想表现的效果。

著名戏剧家曹禺在广州市召开的戏剧座谈会上，对用广东方言演出的《全家福》做了高度评价。他说："《全家福》用广州话演话剧非常有意思，我从来没有见过台上台下这么打成一片……"他认为演现代话剧，语言是沟通观众最直接也是唯一的途径。

得到老舍和曹禺的高度评价，林兆明和队友们

在《全家福》中饰演派出所的诸所长

更有信心，一口气演了七十场。

林兆明留意到，粤语话剧的一个难题，就是现场"真枪实弹"运用的口语与剧本上的书面语，无论结构用法，还是习惯用语都有很大的不同，不能照搬。演员在排剧前，剧本一定要经过翻译。很多用语表面看起来意义是一样的，可经过演员之口说起来，韵味就完全不同了。比如，用粤语说"何苦"与"何必"两词，表现方式不同，效果就完全不一样。"何必"的"必"，发音比较硬，有一种责问的意味；而"何苦"则更多的是惋惜与心痛，如果是父亲对着不成器的儿子说出来的话，选择"何苦"可能更有深意。

《全家福》等粤语话剧之所以独树一帜，还因为它有

浓厚的地方特点。当时几乎所有的粤语话剧无论是改编还是原创剧本，都着眼于富有地方特色的平民生活。

1964年，广东省话剧团普通话队、广州话队同时排练和演出原创话剧《珠江风雷》，作为当年中南戏剧调演的选拔剧目之一，这是一部根据珠江三角洲农村状况创作的作品。由于逢、张碧夫编剧，李文治导演，原名《金沙洲》。林兆明扮演男主角农村党支书周耀信，这是一个耐心引导村民纠正错误思想、积极寻求幸福生活的正面人物。林兆明在戏里把广东方言运用得贴切、生动，着重从语言上将人物特色表现得淋漓尽致，真实自然。

时任中南局第一书记兼广东省委书记的陶铸非常欣赏这部粤语话剧，赞扬"戏里面反映的农村生活真实可信"。

同年，《珠江风雷》剧组到北京演出。

在人民大会堂的小礼堂，周恩来、罗瑞卿、陆定一、杨尚昆等中央领导观看了演出。

周恩来总理观看演出时，开始时还戴着翻译器，过了一会，就特意把翻译装置从耳边摘了下来，直接感受粤语话剧的风采。演出结束后，周总理亲自上台接见了演员，上台祝贺："你们演得好！生活气息很浓！"

他风趣地说："你们演出开始不久，我就把耳机摘下了，因为邓大姐会说广东话，我也能听懂六成广东话啊，听原汁原味的台词，比听翻译的要好些。"

1964 年，话剧《珠江风雷》剧照

20 世纪 60 年代，林兆明在北京留影

20 世纪 60 年代林兆明夫妇在天安门前留影

周恩来、陈毅、贺龙等领导人与剧组全体演职员合影留念。周恩来称赞《珠江风雷》有浓厚的岭南地方特色，反映了广东农村的生活。

随后，《珠江风雷》剧组又在中南海和北京多个剧场演出。

北京演出期间，中国戏剧家协会举行座谈会，由剧协副主席曹禺主持会议。专家们盛赞整部戏富有广东珠江三角洲地区的农村特色，演员的表演质朴、真实感人。当年各大报刊都大篇幅登载了这出话剧演出成功的报道，《人民画报》刊登了剧照。

对于广东省话剧团，对于男主角的扮演者林兆明，这是极大的鼓励，是"最难忘的一次演出"。林兆明的家里，至今保留着《珠江风雷》在北京演出的剧照，保留着演员们与周恩来、陈毅在舞台合影的珍贵照片。

虽然广东省话剧团粤语队几年来分分合合，但林兆明始终坚持，语言的认同感是联系人们情感最重要的因素之一。艺术作品要有动人的感情，语言是很重要的因素，乡情必须通过语言引起共鸣。

从艺几十年来，林兆明塑造了一个个粤语话剧的人物形象。这些形象个性迥异，惟妙惟肖，形成了林兆明独特的个人表演风格，给广大观众留下深刻印象。

作为话剧演员，林兆明具备良好的资质、外形及声音，但他不愿局限于只扮演与本色相称的角色，而是不断塑造各种不同类型的角色，逆水行舟，获得了成功。

正如一位评论家所说："林兆明演一百个角色，就有一百个不同样的戏。"

20 世纪 50 年代，林兆明夫妇（一排中间）与黎民（一排左一）、崔南波（一排右二）、刘汉乃（三排左三）

第四章　情痴，艺痴

当我们正年轻，
五月风光令人迷醉。
你许愿你爱我，
当我们年轻时。
当春之歌重唱，
那五月清晨依然常怀忆，
别忘记旧情谊，
当我们年轻时。

第十二节　琴瑟和鸣

　　1949年，即将从广州大学毕业的林兆明在广州青年会业余剧社演出《群猴》。剧社里一同演戏的还有好些学生，有几个来自广州艺术专科学校。

　　林兆明在这里读书、演戏，第一眼便被一位比自己小四岁的女孩子麦庆生吸引住了。

　　多么可爱的脸，带有东方古典韵味的美。一双生动活泼的大眼睛，如此迷人。一头秀发，那么柔顺，那么有光泽。

　　爱是一个奇迹，尤其是纯洁无邪的爱。

　　几个月的时间并不长，但对于情投意合的少年男女而言，要种下一生的感情大树，却已经足够了。当中纯净不过的情愫，透亮得可以照彻今后的风云岁月。

　　后来，林兆明参加了广州青年文工团，麦庆生进入华南文艺学院读书。演戏的空隙，林

少女时期的麦庆生

少女时期的麦庆生

兆明就约麦庆生去看电影，约会的电影时光总在麦庆生脑海中挥之不去。

不是去"广州"、"西濠"就是"羊城"，这三家影院都在长堤附近，偶尔也到北京路的永汉电影院去看。那时，他们看得比较多的是赵丹的《丽人行》《乌鸦与麻雀》，张瑞芳的《火的洗礼》《松花江上》，也有苏联电影《母亲》《保尔·柯察金》。电影散场早的话，林兆明就请麦庆生到北京路的太平馆吃西餐；要不，就到珠江边散步，从西堤一直漫步走到沙面。走累了，聊累了，就在路边档口吃一碗猪肠粉、牛骨汤或是绿豆沙。

一见面，林兆明总有说不完的话，麦庆生就笑眯眯地听着。他的诙谐幽默，他的聪明热情，让庆生无限迷恋，而在林兆明眼里，麦庆生和自己的母亲一样，都有一种大家闺秀的气质。她跟自己以前认识的女孩有一种特别的不同，就是她的纯。不是因为她涉世不深，不是因为她不辨真假，而是在她身上，有一种能化解浊气、怨气的可爱、淳朴、善良。

江声、帆影，夜风徐徐，伴着他们漫步，兴之所至，林兆明喜欢念诗，或者跟麦庆生唱起歌来。

其实，在林兆明来说，只不过是从当时的电影和话剧中学唱了几支世纪名曲——至于歌词中反复咏唱的字句，未必能有多少领悟；在她——麦庆生，则喜欢聆听他深沉的嗓音，尤其是《翠堤春晓》的主题曲《当我们还年轻》，他俩经常一起唱得如痴如醉：

当我们正年轻，

五月风光令人迷醉。

你许愿你爱我，

当我们年轻时。

恋爱中的林兆明、麦庆生

青年时期的麦庆生

当春之歌重唱，

那五月清晨依然常怀忆，

别忘记旧情谊，

当我们年轻时。

正是在这样的歌声中，林兆明越发迷醉于舞台，迷醉于话剧表演。本来，戏剧与音乐就是相通的，麦庆生的歌声也越来越婉转动听。

1950年6月，林兆明要到武汉参加全国人才归口的司法集训。为了不让她到车站来回奔波，林兆明没有跟庆生说自己什么时候出发。

出发那天，广州火车站，麦庆生却准时来为林兆明送行，还带来她亲手织的一条围巾、一对毛线袜，塞到林兆明的挎包里。

多少如意心仪的婚姻是上苍的恩赐，又有多少耳鬓厮磨的岁月却是几经坎坷去换取？林兆明的心中，总在背诵那一段段让他燃烧的诗句——《爱情的故事》：

爱情是一首美好的歌，

好歌却是不容易谱写成的。

他崇尚的，正是这如火的热情。也正是这热情，使他能够爱，能够痴迷于表演艺术，使他成功——在他梦想要

麦庆生（后排右一）与父母及弟妹们

奋争的领域。

半年后，林兆明从武汉回广州，才知道庆生已去了中山参加土改。那两天，林兆明实在无法排解对庆生的思念，就直接去中山找她。见了面，她非常惊喜，两人感觉更加难分难离。

林兆明当即提出，请她第二天一起去澳门见家人。

那时从中山去澳门是不需要申请签证的。就这样，他们在澳门家中见了家长，

林兆明的岳父岳母

也就是林兆明的母亲和祖父。大家都很喜欢这位性格温和、处事得体的广州姑娘。

麦庆生的父亲是一家私立学校的校长，母亲是高级教师。麦庆生是大家庭中的长女，也有十兄弟姐妹，太巧了！

1951年，林兆明和麦庆生结为连理。

婚宴办在广州大三元酒家，筵开十席。

大三元是当时广州人喜事宴请最上档次、最讲究的酒家，曾与南园、西园、文园合称广州四大酒家且位居榜首，招牌菜"红烧大群翅"在二十世纪二三十年代要卖到六十银圆一例。平头百姓口耳相传"住在广泰来，食在大三元"，是广州食住的最高标准了。

对林家来说，这是一件不可敷衍了事的喜事。母亲余汉秋一直牵挂着单身一人在外的大儿子，希望他的生活有贤妻照顾，现在终于如愿以偿。她费心张罗，竭尽所能要让大儿子办好婚事，专程来到广州参加了婚宴。

第二年，他们第一个儿子林洛出生了。

林兆明调入了广州市文工团。麦庆生在华南文艺学院毕业后，在华南文

林兆明夫妇合影

工团担任歌唱演员。文工团分配给她一套房。于是，他们一家三口随团入住了光孝寺。

光孝寺坐落在光孝路，与六榕寺、华林寺、海幢寺并称广州四大丛林。这座庭院最初是西汉南越王赵佗之孙赵建德的府邸，故而有"未有广州城，先有光孝寺"之说。

当时，广州的文艺团体借用光孝寺的部分场地作为剧团基地及演员宿舍。最早借用的有广州音乐专业学校，后来，华南歌舞团（后改名为广东歌舞剧院）、广州乐团、珠影乐团也先后进驻于此。

结婚最初那几年，林兆明的家就在光孝寺大雄宝殿旁的楼房里。

庭院里的小屋，有苍翠的松树，有安静的石板路。在家里那架钢琴前，麦庆生常常弹一会儿小夜曲，然后倚在窗口望着星空，静听林兆明在书桌那边念台词。

虽然屋子简陋，但他们过得没有一点憋屈，反而喜气洋洋。

可不是吗？两个新婚的艺术人在光孝寺这座千年古刹中过着柴米油盐的居家日子，举头

20 世纪 50 年代，林兆明一家与二弟合影

林兆明夫妇和两个儿子在一起

低头都能看着如来佛、弥勒佛、六祖惠能和观音菩萨，威严的氛围减了少许，祥和的感觉却添了很多。

之后，他们又有了第二个儿子林强。林兆明和麦庆生经常要出外演出，就请了保姆柳姐帮忙，照顾孩子和家务。

他们住在一楼的一间大房子里，用木板隔

林兆明夫妇（后排右四，右二）携两儿子与麦氏家族亲人合影

开几间小房。夫妻俩住一间，孩子们和保姆住一间。

大雄宝殿后面不远处是一个放生池，附近有两座石塔和石鼓。两个儿子阿洛和阿强喜欢在大雄宝殿外面爬上爬下，在石塔下捉迷藏，坐在石鼓上玩耍。

60年代初期，女儿林端出生。

那天，林兆明听说妻子在医院生了，是个女儿！林兆明喜出望外，他一直就盼着有个女儿啊！他借了一部旧单车飞奔去医院。医院看门人嫌林兆明的单车太旧，锁车不便，不肯让他带着单车进去。因为着急，林兆

林兆明一家在光孝寺的大雄宝殿前合影

20 世纪 60 年代的全家福

明火爆起来，一掌将看门人推开，冲入病房。

进到房间，见到庆生抱着女儿坐在床上，一大一小正对他笑呢！

林兆明的心都要融化了。

后来，小女儿阿端会走路说话了，她特别喜欢唱歌跳舞，麦庆生每天在琴边练声唱歌，阿端就跟在旁边唱歌跳舞玩耍。庆生教她弹琴，她一弹就会……

夫妻俩特别开心。

每当要下大雨了，打雷了，麦庆生就带着三个孩子跑

林兆明的九妹（左一）探望大哥一家。在光孝寺的家门口

到光孝寺的大殿里，躲在佛像下，避开雷雨。平时，林兆明对两个儿子管教严格，对女儿阿端则是宠爱有加。大儿子阿洛爱

女儿林端特别喜欢爸妈送的洋娃娃

调皮，时常晚上带着几个男孩子，用梯子爬上大殿的房顶，捉麻雀，看星星。回到家里，难免要受爸爸的责罚。这时，女儿阿端就会来替哥哥求情，不让大哥受罚。

在离林兆明家不远处，靠近大院门口的地方，有两棵大榕树，一棵红棉树，每年开花季节，木棉花开得红艳结实。保姆柳姐时常带着孩子们，把树上掉下来的新鲜的木棉花带回家，煲粥吃。

在家后面不远处，歌舞团借了大汉白玉观音像和铜佛像之间的一块宽阔的场地来做排练场，并在大雄宝殿里排练音乐。每天，观音像和佛像之间，乐声缭绕。

看着这种景象，林兆明寻思，宗教和艺术自古都是密不可分的，艺术家

"文革"前林兆明和女儿

麦庆生演出照

们在这里练功，应该更能帮助他们练出高远的气度来。

林兆明一家过得充实祥和。如果难得有不用加班排练的假日，林兆明就会带着妻儿去"划艇仔"，荔湾湖、流花湖、东山湖、越秀公园都留下了他们碧波泛舟的身影。

麦庆生爱看林兆明的话剧，后来也喜欢听林兆明讲古，林兆明则很着迷庆生的歌声。

麦庆生是一名出色的女中音，华南文艺学院毕业后，五六十年代，她先后在华南歌舞团（后改名广东歌舞剧院）和广州乐团演唱。团里为了培养优秀歌唱演员，专门派她去跟国内著名咽音大师林俊卿大夫学习咽音。林大夫也是许多歌唱家的咽音指导，包括王昆、郭兰英等等。麦庆生形象优雅，声音圆润，技巧扎实，成为团里的主力

麦庆生演出照

演员，担任声部长。独唱《渔光曲》、二重唱《南海渔歌》，还有领唱的粤曲小调《昭君出塞》都是麦庆生的保留曲目。

　　1964年，在建国十五周年到来之际，周恩来总理倡议举办一台反映党的斗争历史，展现毛泽东思想发展过程的大型歌舞作品——大型音乐舞蹈史诗《东方红》，广东文艺界也联合排演了一个广东版的音乐舞蹈作品《东方红》。麦庆生在当中担任报幕司仪及全场诗朗诵，感情充沛，字正腔圆，成为全场的点睛之笔。每逢《东方红》演出，林兆明几乎都会到场，为爱妻捧场加油。

麦庆生演出照

麦庆生演出照

这段时间，林兆明主演的《珠江风雷》正准备进京演出，他也天天泡在排练场，为每一句台词、每一个动作反复琢磨。爱情的激励，使他们的艺术创作进入到狂热的阶段，他们都在为自己心中的艺术之神倾尽心血。

爱，是人类最美好的情感。爱、美与艺术，本是同在一体的。

《林兆明的艺术人生之琴瑟和鸣》原声

第十三节　全家福

　　夫妻琴瑟和鸣，孩子可爱有趣，让林兆明感到一种从未有过的幸福。他珍爱这种家庭的温暖幸福。

　　长子林洛性格温和，老实厚道，不善言语。

　　次子林强，精灵调皮，小时候，他皮肤较黑，自嘲是"黑牡丹"。他从小喜欢写诗、朗诵、演讲，经常参加文艺演出，在小学就演"杨子荣"，非常活跃。

　　小女儿林端，聪明伶俐，五岁就开始学钢琴、唱歌、朗诵、跳舞。

林兆明一家在光孝寺的合影

三个子女在光孝寺大雄宝殿前

　　林兆明夫妻俩都曾准备培养他们在艺术上发展，但总觉得有点心有余而力不足。

　　他们都是文艺团体的演员，工资收入不多，一家五口人，再加上保姆，生活压力不小。

　　母亲余汉秋经常从澳门寄钱来，给他们经济上很大的支持。

　　后来，林兆明被告知，使用外汇是政治觉悟不高的表现。而在内心他却感到作为家中长子，没能为家里做些什么，还要母亲反过来贴补自己，很不是滋味。

　　他写信跟母亲说，儿子不孝，内心不安，您就不要再寄钱来了。

　　随后，国内出现经济困难，林兆明家里的生活越来越拮据。

1955年，中国各地经济
建设指标被要求大幅度提速。
1958年，大跃进开始。工业
最缺钢，于是全民大炼钢铁。
山上的树砍光了，庄稼荒在地
里，但炼出来的却大多是"海
绵铁"。

1962年，全国都面临经济
困难，为了解决粮食紧缺带来
的营养不良，城市人口每人每月供应三斤大豆，用大豆来
补充营养。

20 世纪 60 年代的麦庆生

妻子麦庆生却在最需要营养，又最缺乏营养的时候怀
上了女儿阿端。为了准备坐月子补充营养，麦庆生买了十
来只鸡在家里匿养，希望能有多些奶水。

一天，鸡笼子里有一只鸡躺着不动了。保姆柳姐大吃
一惊，问庆生怎么办。庆生说，可能是生病了。柳姐就和
庆生讨论起来，该怎么办，要不要拿来煲汤？阿洛和阿强
已经很久没有尝过鸡肉了，一听大人说吃鸡，马上兴奋起
来，喊着："要吃鸡，要吃鸡！"

这时，林兆明刚从门外进来，听到妻子和保姆在讨论
能不能吃那只鸡，两个儿子还开心地跑过来说："妈妈，
又有一只鸡倒下啦！"没过一阵，他们又兴高采烈地跑过
来说："又有一只鸡躺下啦！"

林兆明怕他们真的要吃这些病鸡，就大声说：

"这些都是瘟鸡，吃了会得病的！不准吃！"

"呜——呜——"

两个儿子吓得哭起来，庆生也不由得暗自流泪。

林兆明心里更难过。以前，吃鸡吃鸭是多么平常的事；现在，妻子要坐月子了，想吃一只鸡都这么艰难，真是对不起妻儿啊！

面对饥饿和营养缺乏，一开始，在优越家境中长大的林兆明并没有足够的思想准备，更没有身体上的准备。

60年代初，剧团排演由吴有恒创作的话剧《山乡风云》。林兆明饰演何奉（奴才奉），刚开始演出，他就病倒了。

林兆明的体质原本很健壮，土改期间，经历过一段和农民一起吃树皮充饥的日子，他开始出现营养不良。加上多年来繁重的演出，积劳成疾，现在又遇到饥荒，身体马上变得很虚弱。林兆明的体重从一百多斤降到九十多斤，出现营养不良并发症，低血糖，低血压，面色灰白，免疫功能低下。

林兆明的主治医生对广东省话剧团的领导说，病人非常虚弱，已经达极限状态，必须全面休息，调养治疗。否则，随时有生命危险。

生死只是一线之差。不少医生都对他的康复缺乏信心。

幸亏遇到广东省中医院的杨主任和中山医学院附属一院的陈教授，他们想尽办法，倾力治疗。

麦庆生将家里所有营养食品都让给林兆明吃，每天除了上班、带孩子，就一直待在丈夫身边，细心照料。

林兆明告诉自己，为了一家人的未来，一定要好起来。除了配合医生治疗，他努力学练气功，从那时起一直坚持到晚年。

终于，经历了生与死的大搏斗，一段时间的调养之后，他与死神擦肩而过。林兆明终于奇迹般地康复了。

病好之后，林兆明觉得，亲情、健康和乐观的心态比什么都重要！

面对更多生活的磨难，林兆明也是靠着这些挺了过去。

尽管，接踵而来的坎坷让他的小家风雨飘摇。

上文提到，1961年6月，由国务院总理周恩来在北京主持召开的全国文艺工作者座谈会，除了充分讨论新中国成立后文艺界出现的问题和对策，还讨论促成了一份重要的政策性文件《关于当前文学艺术工作问题的意见（草案）》（简称"文艺十条"）。这次会议以及1962年3月在广州召开的全国科学家座谈会和全国话剧、歌剧、儿童剧创作座谈会，让全国的知识分子感受到被尊重，文化人和艺术家们备受鼓舞，创作了一批艺术含量颇高的作品，文艺园地出现百花齐放的景象。然而，后来正式出台的《关于当前文学艺术工作若干问题的意见（草案）》（简称"文艺八条"），却对上述"文艺十条"进行了删改，删除和压缩了许多具有现实针对性的，切实有利于文艺发展的内容，同时添加了许多强调政治思想倾向的内容。

1965年，文艺领域大批判烽烟四起。

1967年上半年，林兆明明显感受到自己将要被批斗的气息，这离他成功出演《珠江风雷》还不到三年。

从中学的学生会会长，到话剧团的广州话队队长，林兆明一直显示出敏捷开朗、善辩诙谐的个人魅力和领导才能，加上他性格耿直，好打不平，能担事的同时也容易成为出头鸟。

刚刚被评为先进文艺工作者，随即却又变成被斗争的对象。林兆明被禁闭在团里，要反复写文艺思想检查，准备接受批斗。

1967 年 9 月 30 日，林兆明一家在艳芳照相馆拍的全家福

风雨欲来，林兆明赶在批斗大会前做了两件特别的事。

1967年9月30日，被批斗前一天。

林兆明有种非常不好的预感，他预料到将要发生在自己身上的事态绝非寻常，重则可能性命难保，轻则今后可能没有机会和家人在一起了。

团里的看门人冒着风险，偷偷让他回了一趟家。

妻子和孩子们都在家里，见他突然回家，都以为第二天是国庆节全本放假的缘故。林兆明顺水推舟：

"明天是国庆节，走，我们去吃饭、照相，庆祝一下！"

于是，他和庆生带着十五岁的阿洛、十四岁的阿强及小女儿阿端，来到北京路的太平馆西餐厅吃西餐。孩子们好久没吃过这么丰盛的正餐了，叽叽喳喳地开心玩闹。只有庆生直觉感到丈夫的笑容里隐隐透着苦涩，她不想破坏这难得的温馨氛围，也不去问他什么。

饭毕，他们走出太平馆餐厅，往惠爱路（今中山五路）向西直走，到了老字号艳芳照相馆。林兆明让店里的老师傅给大家扫了一张整整齐齐的全家福。

告别了妻儿，林兆明回到团里（当时广东省话剧团已定址在竹丝岗二马路），已经是晚上9点多，他和张悦楷在楼下的门房聊天。

林兆明说："作为广州话队队长，我这次一定会被作为团里的斗争对象，平时团长不怎么管事，所有责任都是由我承担。我平时脾气火爆，对同事多有得罪，这次被批斗一定是跑不掉的了。平时我们这么合得来，估计，这次你也会成为重点的陪斗，难为你了！如果他们问起具体细节，你就全部推在我的身上，说所有事都是由我决定的，与你无关！"

张悦楷立即表示，一定要互相支持。

他俩立下了"攻守同盟"，决定无论压力有多大，也绝不出卖老朋友。

两人一直聊到半夜。说到可能一辈子都不能再演戏了，激动之处，不禁抱头痛哭起来。

这是他们两人最难忘的一次彻夜长谈。

果然，第二天，风雨骤来，天翻地覆。

1967年10月1日，林兆明开始被批斗，罪名是组织"反党"活动。

在批斗会上第一个发言的，竟然是平日里被林兆明尽心照顾的一个情同兄弟的人，一个曾以为是可以"托妻寄子"的手足。

林兆明愕然、震惊、难过……

尽管是莫须有的罪名，摆弄起证据来，却是煞有介事，从阶级出身，到阶级根源，一直到炮制毒草、毒害群众，简直就是处心积虑的阶级报复。

各种无中生有，污蔑陷害，令人心寒。

再怎么无法相信，再怎么痛心愤怒也只能面对。

林兆明脑海中又浮现起当年父亲过世时，那些所谓朋友上门逼债的种种丑剧。

当人性被扭曲，你只能以强大的内心去抵抗这一切。

他后来在话剧《恨海奇光》中塑造杀人不见血的布莱恩、《可口可笑》的张经理，正是基于这些强烈的内心体验。

好几个月，林兆明一直被关在团里，不断接受批斗。批斗之余，还要在剧团扫地，接受劳动监督。

有一天，家里保姆带着女儿阿端来探望。妻子麦庆生让她偷偷带一包香烟给林兆明。

谁知，恰好看管来查房，他从枕头底下翻到一包烟，就狠狠地骂：

"林兆明，你这个牛鬼蛇神！还敢抽牡丹烟？"

他把烟扔到地上。

林兆明怒目圆睁，可是看到女儿吓得哭了起来，他就忍了下去。

他默默将烟盒里的烟全部撕碎，发誓再也不抽烟。在内心，他是在发誓与人间的恶人决裂。那时起，林兆明真的就戒了烟。

那段日子，人性受到了善与恶的严峻挑战。

两个年幼无知的儿子被人挑唆威胁，让他们跟父亲划清界线，把家中值钱的东西翻出来烧了。林兆明偶尔被放回家，他们看到爸爸进屋，就从后门溜走，不敢面对爸爸。

林兆明虽然心在流泪，却也并没有怪他们，他知道，

长子林洛（后排右二）在海南岛当知青务农留影

这些都不是孩子们的本意啊。幸运的是，还有妻子和女儿一直守在身边，陪伴着他。

到了1968年，广东省、市文艺团体的领导、业务骨干大部分被打倒、被批斗，几乎所有的话剧团体被解散。

林兆明被单独批斗的次数逐渐减少了，但是，却和全省文艺界的重点批斗对象一起，在广州二沙头体育训练基地"集中学习"了大半年。

这一年，"知识青年到农村去"的运动席卷全国，当年在校的初中和高中生全部被送往农村劳动。

年底，才十六岁的林洛初中还没毕业，就离开了学校，成为上山下乡的第一批知青，在海南岛建设兵团割胶、伐木。

一度，大儿子和家里中断了消息。

牵挂着未成年的孩子，一个人在海南岛上的各种艰苦、孤独、无助，作为母亲的麦庆生不知流过多少揪心的泪水。

这一年，国内所有的大学几乎是在一夜之间消失了，而五七干校却雨后春笋般出现。

1969年3月，广东省、市文艺界、体育界的大部分人员被下放到英德茶场五七干校劳动。

林兆明和麦庆生一同下放到英德五七干校。他们只好把二儿子阿强和女儿阿端放在外婆家，请庆生的妈妈帮忙照看。

从此五口人分处三地，天南海北。未来的家在哪儿？这一去要走多久？还能不能回广州？他们还记得，刚到达茶场时，军宣代表就宣布："你们这辈子就准备好留在这里吧！"

夫妻俩听着心都寒了，担心着三个孩子，阿洛在海南岛务农能适应吗？阿强和阿端小小年纪，父母就不在身边，生病怎么办？种种问题萦绕心头，沉重而茫然。

面对所有这些政治风雨、生活压力，麦庆生从来没有半句怨言，她总是默默地站在丈夫的身边，东奔西跑地照顾林兆明和三个孩子的生活。

艳芳照相馆拍的那张全家福成了他们珍贵的留念照片。

第十四节　患难之交

一个云雾迷茫、阴沉沉的日子，林兆明和广东文艺界的大部分知识分子，包括"阶级异己分子"、"牛鬼蛇神"，从广州坐了四个小时的火车，再翻越崎岖的山路，走了近两个小时，来到离广州一百五十多公里的英德。

当时广东文艺界下放的五七干校在英德茶场。由于英德到处都是石灰岩山，这里有好些水泥厂（石灰岩是烧制水泥的基本原料）。这里原是一个劳改场，周边存留着铁丝网，住地存留着碎玻璃、旧衣服、破鞋烂袜。污浊的空气无时无刻不在提醒着这些剧团来的人们，你们与劳改犯相差无几。

文艺界知识分子下放英德茶场五七干校，在当地形成了一道奇特的风景。在这偏僻落后的乡村，突然来了一大批高水平的作家、编剧、导演、演员，如作协的欧阳山、陈残云、曾炜，粤剧团的红线女、文觉非、谭玉珍，话剧团的林兆明、张悦楷……

参加劳动的时候，由于林兆明曾经腰椎间盘脱出，行动十分困难。团里一位"主任"硬说林兆明装病，医院开的病假条是假的，一定要他参加搬运水泥的重体力劳动——负责发包的从高处往他们每个人肩上扔两包水泥，然后直接扛着走到另一个山头。

轮到林兆明接水泥包了，正在这紧要关头，张悦楷赶紧跨前一步，一手将林兆明推开，用自己的肩膀接住了两包五十公斤重的水泥。他跟那"主任"解释，林兆明的腰部受过伤，腰椎间盘突出，连走路弯腰都困难，水泥包从这么高的地方扔下去，他的腰就会折断的。

这件事过去几十年后，林兆明一直忘不了，忘不了张悦楷在患难时刻的挺身而出。

张悦楷和林兆明这对难兄难弟，相识已有十年。

1950年，林兆明在广州文工团，三年之后调到广东省话剧团。这段时间，张悦楷一直在华南人民剧团。两人虽没见过面，却对对方早有关注，互相欣赏对方的艺术才华。

后来，华南人民剧团整编并解散，广东省话剧团的领导找来广州话剧队队长林兆明商量，要不要把张悦楷调进来？

林兆明猛拍一下巴掌说："太好了！他是一个人才，快调他过来！"

当时有人说："一山不能藏二虎，他来了，你们出现矛盾就不好了。"

林兆明说："不会的，我们互相欣赏，彼此尊重。"

张悦楷比林兆明大三岁，林兆明在广州大学读法律的时候，他是岭南大学土木工程系的大学生，他和林兆明一样喜欢话剧。解放初期，张悦楷在华南人民剧团主演大型话剧《美国之音》名噪一时。后来，国家实行专业人才归队，林兆明一度被抽回去参加在武汉的司法人员集训。因为与杨桦的巧遇，林兆明回归话剧团。张悦楷则被抽到海南、贵州去搞公路桥梁设计，相当长一段时间，张悦楷离开了舞台。直到此时，他才有机会回归。很快，张悦楷调进广东省话剧团。

两个人大学读的都是跟艺术相距甚远的专业，因为喜欢话剧艺术，兜兜转转，把业余爱好都变成自己的终生事业。从此，他们一起演戏。《七十二家房客》中，林兆明的"369"，张悦楷的"太子炳"，都让观众们津津乐道。他们都是粤语台词翻译组的核心人物，林兆明既是广州话队的队长，也兼任翻译组组长，张悦楷是副组长，他们合作愉快，工作上有商有量，各展所长；生活上，他们互相关照，情同手足。

运动开始后，张悦楷宁愿每天陪斗，也没有说出对林兆明不利的话，只说林兆明饮茶十分讲究，应该批判。林兆明则始终说，广州话队所有的事都是由自己负责，与张悦楷无关，但张悦楷喜欢喝咖啡，资产阶级思想严重。林兆明把所有批斗的火力集中在自己身上，希望自己多承受一些，以减轻张悦楷被批斗的压力。

英德茶场五七干校实行"战时共产主义"，分男女住集体宿舍，夫妻双职工在很长一段时间也不能例外，不同连队的自不用说，就是在同一连队的也未必能在一起。林兆明住西工地，妻子麦庆生却住在干校南边的菜园里，相隔大约五六里路。平时见不着面，绝对是"两地分居"，和他们一样待遇的大有人在。

经过三年困难时期，妻子麦庆生深知在艰苦环境下营养有多重要。临离开广州前，她偷偷带了一些面豉酱，放在行李袋里。

刚去时整个气氛"左"得出奇。食堂伙食很差，每天不是萝卜熬白菜，就是白菜熬萝卜。非但见不到肉，甚至见不到一点儿油星儿。据说是因为有人认为吃肉是资产阶级。两个月下来，人们渐渐撑不住了。幸好麦庆生有先见之明，带来不少面豉酱等食品（面豉酱是黄豆做的，含有植物蛋白质），"探亲"的时候就偷偷送到他住的男队宿舍。

林兆明当时是监管对象，处境极为恶劣。麦庆生总是趁宿舍里的"老左"不注意，悄悄把装有面豉酱的瓶子塞在丈夫的被子里，像地下党接头一样。

按规定，只有拉家带口、拖着老小一起到五七干校的，每户才能在干校分得一间简陋的小宿舍。给谁不给谁，要"从运动的需要出发"，说白了，就是根据那"主任"的好恶来决定。有一次不知是要"引蛇出洞"还是出于别的什么考虑，他当众问林兆明对这种分居安排有什么意见，林兆明反应飞快，就学着他讲话罗列一二三的腔调，用极夸张的语气回答：

"非常好！没意见！没有家务，妇女获得解放，这是其一；两口子不在一起，省得吵架，这是其二；分而治之，有利于运动的开展，这是其三。"

说这话时，林兆明心里在偷笑，脸上却一本正经。同在宿舍吃饭的十多个人霎时间愣住了，只见他们拼命忍住笑，使劲儿往嘴里扒饭。

事后，张悦楷对林兆明说："你这个嘴巴，什么都敢说！我们替你捏把汗哪！"

"怕什么！把我那些话写成文字，汇报到哪里都是觉悟高的表现，嘻嘻！"

"你看着吧，他更不给你分房了。"

"两情若是久长时，又岂在朝朝暮暮。"

几起几落，岁寒，然后知松柏之后凋也！

他们住的屋子对面是一个碧绿的大水库，四面环山，周边有一个大养猪场、一个养牛场、一大片绿油油的茶园。日出山峰，晨光曦照，草地上闪耀着滴滴的露水，纵然这里景色美丽，但大部分来这里"改造"的文艺界知识分子，并没心思欣赏这番美景。

林兆明每天清晨即起，面对碧绿的大湖，先做气功，然后哼着粤曲小调，去做各种农活，包括养鸡、养猪、放牛、犁田、拔草……他期待，他相信，这里不是他的归宿，他仍会回到自己的舞台。

有一头恶牛，力大无穷，性情蛮横，经常追着其他牛打架，大家管它叫"牛魔王"，谁也不敢靠近它。林兆明从来未养过牛，少年时代却在澳门经常骑马。看着这头犟直的"牛魔王"，林兆明到底改不了少年气盛的脾气，非要争个高低不可。不让我上舞台演戏，我演给牛看行不行？他突然像遇见老朋友一样，一步步靠近过去，和"牛魔王"聊起了天。过了两天，只见他降伏了这只"牛魔王"，可以骑在牛背上，四处散步了。大家都弄不清楚，不知林兆明究竟用什么办法令它这么听话。

有一天，林兆明在"活学活用讲用会"上跟大家大谈养牛心得："其实牛并不笨，它能看出你的眼神、你的脸色，能明白你的情绪，还能听懂你的话语。可见牛魔王也是有灵性的哩……"

后来，麦夫生得了高血压，从干校被送回广州治病。林兆明实在不忍心看着妻子拖着生病的身体，一个人在广州照顾两个孩子，就让小女儿阿端待在自己身边。生活虽然艰辛，但这段与女儿一起的日子，却让林兆明最为开心。

阿端生性乖巧，整天对着爸爸唱歌、跳舞、念儿歌。有了她，林兆明脸上多了好些笑容。一到晚上，爸爸就给女儿讲《西游记》《东周列国志》等各种故事。林兆明还教从来不熟水性的女儿，用很短的时间学会了游泳，不时在大雨中带她横渡水库，让她见见风雨。

两父女临时住在一间小茅草屋里，茅屋四面通风，摇摇晃晃，夜晚有蛇在地上爬。听说蛇怕石灰，他们就撒了石灰在地上驱赶各种有毒或无毒的蛇。一次台风，风雨雷电交加，小阿端吓得哭了起来。爸爸抱着女儿，给她讲《西游记》里孙悟空三打白骨精的故事。听着听着，女儿安静地睡着了。那晚，支撑茅屋的四条柱就断了两条。

过了两天，大儿子林洛从海南岛回来探亲，他先是坐火车到英德茶场看望父亲和妹妹，和他们一起在小茅棚住了两天，然后又赶去广州看母亲。

台风过后，林兆明让张悦楷过来目测一下那间茅屋是否有倒塌的危险，张悦楷是搞土木工程出身的，很在行，他当即说：

和长子林洛在英德干校

"这间屋就快塌了，你们不可以再住了！"

他立刻向队部反映。于是，林兆明和女儿马上搬了出来。没过两天，茅屋真的就塌了，一条横梁正好打在林兆明睡过的床上。好险啊！

多年以后，林

兆明在撰写《朱元璋演义》《赵匡胤》等长篇小说演播手稿时，脑海中总会特别深刻地浮现出在英德山区度过的那段艰难岁月，以及藏在心底的英雄硬气。

林兆明永远相信，无论什么厄运，都不能使人性泯灭，人间真情的力量胜过一切武器和惩罚手段。

林兆明永远记得，在自己落魄之时，身边有很多向他伸出援手的善灵之人。

厨房的云姨，在他饿得没饭吃的时候，偷偷递给他一碗藏着一大块肉的米饭。

做服装的雯姨，在他累得直不起腰的时候，悄悄拿一张小板凳给他坐一会儿，自己替他拔草。

他决定，不论怎样艰难，都要坚持下去，总有一天，他要用艺术把这些体验表达出来。毕竟，这里面含有属于未来的、永恒的东西，是艺术家不可轻易放弃和漠视的。

1976年，林兆明回到广州。尽管没有对他的问题下结论，没有开平反大会，林兆明还是高兴得很。毕竟，他可以回到原来的工作单位，又可以重新演戏了。

斗转星移，21世纪的今天，英德茶场已是全国出口创汇茶叶支柱性企业，总资产已经超亿元，是广东茶叶的骄傲。英红华侨农场成了英德红茶最核心的原产地。

林兆明有时甚至有一种冲动，想邀约三五伙伴，春天到英德茶场走走看看。那里，曾是让他淬火成钢的地方。

80年代与好友合影（左崔南波，中马方舟）

第五章　蜚声南粤

> 人生的磨难，
> 使林兆明对角色的理解和处理更加丰富深刻。
> 他抓住角色的性格和特点，
> 运用夸张的造型和形象的语言刻画人物，
> 让一个个鲜活而独具个性的角色走进观众的内心。

20世纪70年代林兆明一家。在广东省歌舞团大院

第十五节　得志莫离群

1976年，林兆明回到广东省话剧团。

虽然一家大小蜗居在水荫路广东歌舞团的宿舍，但毕竟是回到广州，可以与日思夜想的庆生和孩子们在一起了。

虽然他改编的话剧《小保管上任》《审椅子》没能让他署名，但毕竟是重新回到话剧艺术的空间，可以在里面俯仰呼吸了。

文化大革命带来的浩劫，使林兆明的演艺生涯中断了十年，他忧虑着国家的命运：中国的出路在哪里？群众斗群众何时休？社会怎么才能安定？

对于艺术，爱之深，痛之切，要扔掉自己的专业是何等的不甘心！

1976年，正是开始拨乱反正的一年。

长时间全国人民只看八个样板戏的局面，让全国的观众对禁锢已久的各种文娱艺术如饥似渴，广东的观众更是如此。粤语话剧、粤语相声、粤语讲古获得爆发性发展的机缘。

林兆明终于再次登上阔别多年的演艺舞台。

《网下情丝》剧照

《风华正茂》剧照

《红岩》剧照

《恨海奇光》剧照

《丹心谱》剧照

《羊城24小时》剧照

《彼岸》剧照

粤语小品扮相

《可口可笑》剧照

广东省话剧团广州话队原班人马重新排演了《七十二家房客》，除在广州南方戏院、友谊剧院、前进剧场等公演外，还到很多工厂企业演出，后又到中山、顺德、深圳等地公演，演出超过一百多场。后来，剧组应邀到香港演出，他们去到那里，就把笑声带到那里。

这次重排《七十二家房客》，重新打响了广东省话剧团的声威，更是重振了粤语话剧的名声和影响。

接着，广东省话剧团广州话队排演了《网下情丝》《彼岸》《风华正茂》《羊城24小时》《丹心谱》《红岩》《云牵万里月》《可口可笑》和《恨海奇光》等一批新剧。林兆明既是主演，又是部分剧目的执行导演。

人生的磨难，使林兆明对角色的理解和处理更加丰富深刻。他抓住角色的性格和特点，运用夸张的造型和形象的语言刻画人物，让一个个鲜活而独具个性的角色走进观众的内心。

20世纪80年代，中国迎来了改革开放的新气象，林兆明除了继续演戏，还愈加发挥他的领导才华，先后担任广东省话剧院副院长、喜剧团团长、艺术指导等职，他带领广东省话剧院喜剧团排演了大量的优秀粤语剧目。后来，他

《羊城晚报》的报道

开始讲古，讲相声，演小品，艺术的春天到来了。

《恨海奇光》中，林兆明扮演杀人不见血的外国敌特头子布莱恩。他特别注意眼神中的戏——高高的鼻梁上，架着一副变色眼镜，眼珠一转，再转一下，让观众感到人物阴森森、猜不透的内心世界。

《红岩》的甫志高，林兆明将他的语言特别处理为声音忽高忽低，节奏忽紧忽慢，表现这个人物贪生怕死、飘忽不定的复杂性格。

《丹心谱》中，林兆明扮演的丁文忠，是饱经风霜、一身正气的老中医。他出场的时候，手执拐杖，一头白发，留着银色的胡子。林兆明对角色人物受政治迫害的坎坷经历感同身受，在戏中感受到强烈的情感冲击，未语泪先流。

还有《云牵万里月》的爱国将军卢翰卿，还有《可口可笑》中老谋深算、奸诈狡猾的张经理……

当时羊城有"七大笑星"——黄俊英和杨达、林兆明和张悦楷、吴克和蔡传兴，还有常演搞笑小品的卢海潮，他们经常同台演出。卢海潮是广东粤剧院演员，演小品也十分了得，他称林兆明为明哥。时至今日，他还时常提起林兆明和他说过的话："阿潮，'让人非我弱，得志莫离群'。你记着我这句话吧，我也经常这么提醒自己。在某些特定环境，忍耐一下，让一让别人；自己担当主角的时候，让别人也风光一下，不要忘记一起共过患难的朋友。"

对明哥非常敬重的人，当然不止卢海潮一个。同样被称为粤语讲古家的缪燕飞，一直称林兆明为大哥。50年代起，他们就一起演戏、演广播剧、录小说联播，相识有六十多年。缪燕飞自始至终称赞这位大哥有骨气、有才气、有义气。

这公认的"三种气节"实际上是一种不寻常的艺术品德，投射出林兆明对待艺术、对待人生的态度。林兆明被推举担任广东省戏剧家协会理事。

80年代后期，广东和港澳地区的文化艺术交流愈加频繁起来，林兆明担任广东省话剧院副院长期间，澳门文化部门经常发出邀请，他就带领粤语喜剧团到澳门演出话剧、小品和相声。

在澳门担任导演时留影

在澳门大会堂，林兆明站在舞台上，感觉无比亲切，这是他所熟悉的澳门观众啊。五十多年前，他曾是这里的戏迷，隔三岔五到爷爷开的海镜戏院看电影和戏剧。今天，他带着自己的艺

1983年《澳门日报》

术回到这里。他熟悉这里的一切，虽然爷爷早已过世，海镜戏院已经歇业，但这里的街道、这里的建筑、这里的粤语方言时刻提醒着他，他的艺术之梦就是从这里萌芽。

林兆明要用艺术来回报他成长的摇篮。

后来，澳门文化司与广东省话剧院达成协议：澳门在每年艺术节期间，邀请广东方面来演一个大戏，同时帮助澳门戏剧界挑选演员排一个大戏。广东方面也邀请澳门同行到广州和珠海演出。

林兆明带着广东省话剧院的团队到过培正、培英、陪道、圣若室等多间大中学校演出。澳门观众的母语大多是粤语，用粤语话剧、粤语相声和小品在这里交流，两地的艺术家与观众可谓同声同气，观众的笑声让林兆明感到，艺术完全可以突破地域的界限。

澳门观众也从这些艺术家的表演中，第一次如此完整地领略到粤语的音韵美、粤语谚语中隐藏的智慧。

1992年，林兆明应邀为澳门艺术节导演了世界名剧《钦差大臣》。他是整台话剧的剧本改编、策

《钦差大臣》剧照

在澳门导演《钦差大臣》时留影

划兼导演，演员都由他在澳门各个剧社挑选。

选择俄罗斯剧作家果戈理的这部讽刺喜剧，是林兆明考量再三的结果。原剧中所写的百年前俄罗斯某个小城，被澳门的时尚青年用粤语全新演绎，没有了生僻的人物名字和冗长的俄语，舞台上的人物形象被赋予了时代感，用简洁的舞台风格塑造一个荒诞的世界，幽默的粤语方言台词和搞笑的表演让人忍俊不禁。

在果戈理原剧的基础上，这次演出还增加了《钦差大臣》的现实批判性，融入了更多的戏剧元素，让观众笑得前仰后合。

在澳门这个话剧天地，继续发挥自己在导演方面的才华，是林兆明多年的梦想。

之前谁都没想到，会有人敢于把十九世纪俄罗斯剧作家果戈理的愤世之作《钦差大臣》搬到澳门，并能获得澳门观众如此热情欢迎。

《澳门日报》载文评价说："林兆明不愧为一位本地出生的艺术家，他似乎对澳门话剧界的'同胞''同好'具有天生的感应力与亲和力……澳门人当然应该感谢林兆明为这次艺术节做出的精彩贡献，亦不会忘记这位血浓于水的出生于澳门的艺术家为澳门话剧史开创了值得回顾的一页！"

澳门戏剧界长期以来有一个演出习惯，就是"前台演戏，后台提词"。演员大部分无需念熟台词就上台，都依赖有专人在后台提示台词。林兆明向澳门文化司司长提出了改革的建议。

他说，"前演后提"是最古老的方式，非常影响质量。演员不入戏，不应提倡。一个演员连台词都记不得，自己又懒得去记的话，怎么可以演得好一个人物？

提议一出，立刻引起澳门戏剧界的争议。在林兆明的坚持下，澳门话剧界终于接纳了林兆明的建议，取消提词，演员没有

林兆明在澳门导演《费加罗的婚礼》时留影

了依赖，全情投入，光彩马上显现出来。澳门戏剧界后来一致认为，这次改革促使澳门话剧艺术水平产生了大的飞跃。

1995年，林兆明再次应邀担任澳门艺术节话剧导演。他和澳门的同行一起，合力推出法国著名剧作家博马舍的四幕长剧《费加罗的婚礼》，以粤语版本搬上澳门舞台。

林兆明在演出手法上做出大胆修改，打破了演出时空限制，巧妙地突出喜剧的诙谐功能，极尽漫画式的讽刺夸张手法，采用人物群雕形象的生动场面来突出剧场效果。

三个月的排练之后，《费加罗的婚礼》在可容纳近千人的澳门大会堂演出，门票在开演前两天已经售罄，演出大受欢迎。

据《羊城晚报》报道："观众不时被风趣幽默的粤语台词激发出阵阵笑声，每幕演完之后，全场都报以热烈的掌声、喝彩声。"

澳门报界以大量的篇幅报道、评价这次活动，各界人士认为，这出话剧的成功演出，为加强穗澳两地的艺术交流做出了贡献，导演林兆明功不可没。

林兆明被澳门媒体赞誉为"创造纪录的导演"，1998年，澳门戏剧协会成立，林兆明担任剧协名誉副主席。

以前，都是内地的剧团到澳门去演戏，如今通过林兆明的牵线，澳门文化部门与佛山文化局建立了密切联系，澳门本土演员也能时常到广东地区演出了。

在澳门戏剧协会成立典礼的留影

　　林兆明应邀在澳门开办了话剧演员训练班、相声演员训练班、澳门教师艺术训练班。在培正中学、德正中学开办了各种粤语艺术语言的训练班，指导如何深化粤语、粤语歇后语的使用，以及粤语话剧的表演等等，来听讲座的最多时达到上千人。林兆明为澳门戏剧界培养了为数不少的艺术骨干。

　　在澳门讲学期间，澳门文化司还邀请林兆明到老人院、孤儿院进行演出、讲课，帮助当地业余剧团排戏，到各处演出。林兆明忙得不亦乐乎，笑言自己是澳门的儿子，为家乡做点事情是应该的。

　　1994年，林兆明和张悦楷、杨达应邀参加香港

在澳门讲学留影

艺术节，在香港大会堂文娱厅、上环文娱中心剧院、西湾河文娱中心剧院演出了三个专场，表演相声、讲古和小品。林兆明和张悦楷合说了相声《对春联》《胡不归》《包顶颈》《歪批三国》。他单独表演了讲古片段《包公》和《风雪山神庙》，场场爆满。

香港艺术节讲古专场

1993年，应美国华人电台邀请，林兆明、张悦楷与关国华、曹秀琴、吴国华等广东粤剧名演员到美国做"全美巡回盛大公演"，他俩在洛杉矶华埠百老汇的影城戏院、旧金山的艺术宫剧场和夏威夷等地表演相声和讲古，被称为"最佳相声演员"，受到当地华人华侨的热烈欢迎。

在美国三藩市演出的海报

在美国许多华语电台，林兆明都听到了他播讲的《西游记》《东周列国志》和《济公传》，每到一处中式茶楼用餐，都遇到不同年龄段的戏迷、古迷惊呼，热情地合影。

第十六节　艺术传家

　　不管是在澳门、香港，还是在美国洛杉矶、旧金山，每到一处演出，林兆明除了受到当地戏迷、古迷的热情欢迎，还经常收到自己家族亲友团送来的祝贺花篮。一声声"大哥好嘢！"、"欢迎大伯！"、"祝贺父亲演出成功！"的亲热呼唤，让林兆明眼眶湿润了。

　　这是血浓于水的亲情哦！

20 世纪 70 年代末，林兆明与母亲及家人在广州合影

分别多年后，林兆明首次与母亲及二弟重逢

遗憾的是，在亲友团中，林兆明再也找不到母亲余汉秋的身影，再也看不到她慈爱的笑靥。

从小到大，母亲都非常疼爱兆明。自从林兆明在解放前夕回内地后，她一直牵挂着这个大儿子。母子俩时常来往于穗澳两地互相探望。

"文革"期间，林兆明不便与境外的家人来往，多年下来，断了音讯。

有一次，余汉秋为见儿子一面，千方百计来到广州，却又因为林兆明到英德茶场的五七干校去了，没有见到。母亲朝思暮想，想尽办法寄来食品，或汇款给儿子，但都被一一退回。

老母亲日夜牵挂着在广州的儿子，时常暗自落泪。

她特意请家里的工人带些罐头食品回内地乡下，从乡下的邮局寄出，希望儿子能收到。

难为慈母心啊！

"文革"刚结束，老母亲终于盼到机会来广州，她要和日夜想念的儿子见面。

在二弟兆伟的安排下，林兆明的母亲参加了到北京去的海外高级海员家属观礼团。去之前，她写信给兆明，约好时间地点，再三嘱咐，自己经过广州时，一定要见上一面！

广州火车站的大钟下，母子重逢。两人一句话都说不出来，母亲紧紧抱着林兆明不停流眼泪，连眼镜掉在地上，也顾不上去拾起。

"妈妈，火车要开了，您上车吧！"

母亲还是不肯离去，仍然抱着儿子的肩膀，说："我不去北京了，我就是为了来广州探望你的。"火车开走了。后来，观礼团派专人来接余汉秋去了北京。

临行时，母亲说：

"兆明，这么多年，妈妈没能帮上忙，你辛苦啦，今后，不用担心哦，放心做你的艺术吧，我和你的弟弟妹妹都会全力支持你的。"

妈妈这句话，让林兆明无法不泪流满面！

林兆明从英德回来之后，光孝寺已经没有了他们的家。广东歌舞团把办公场地及演员宿舍迁到水荫路四横路34号大院，单位给麦庆生安排了一个只有一房一厅的小单元住房，林兆明一家总算是安顿了下来。

生活一天天好起来。林兆明的母亲和二弟商议，想申请办理林兆明移居香港，但林兆明却犹豫了。

这天，他叫了妻子麦庆生一起出门，在水荫路上散步。初春时节，马路两旁种满绿树，浓荫如伞。这里，80年代处于广州的东北角，靠近郊区并不繁华热闹，周边是一垄垄青翠碧绿的菜地和瓜棚，甚少住家和商铺。除了省歌（广东歌舞团）、市歌（广州歌舞团）、市话（广州话剧团），还有广州杂技团、广州京剧团、广州画院等艺术团体外，北边的沙河顶有广州音乐学院（星海音乐学院前身），从这里走出来的每个人，都给周边的老百姓留下鲜明的印象：很有气质，有艺术范儿。

林兆明和麦庆生并肩走着，来到大院对面十九路军陵园。这座古罗马建筑风格的陵园，花岗岩结构的纪功凯旋门上刻有"碧血丹心"四个大字，是十九路军两千多名广东籍将士的陵墓。他们在上海淞沪战役中抗击侵华日军，不幸阵亡。

这里肃穆、宁静。他俩走走停停，感受着这些当年"马革裹尸还"的无名英烈的豪迈。一阵风吹过，忽然下起淅淅沥沥的雨来。

林兆明却停下脚步，像是问庆生，又像是问自己，说：

"十九路军与日军浴血奋战三十三天，以三万人抗击十万装备精良的日军，那怎么不调派多一些力量呢？"

良久，林兆明又自言自语：

"上了战场，就得决战到底。英雄啊！"

他们冒雨绕着陵园走了一圈，然后才一溜小跑回了家。身边的麦庆生最能理解他，她明白，也许有了这些无名将士的激励，丈夫一直在纠结的问题应该找到了答案。

是的，林兆明热爱的艺术在广州。他对广州的感情早已在心中生了根。

再说，这多年来，自己没有照顾家里的母亲及弟妹。现在自己无所作为地回去，也心有不甘。

于是，林兆明就这样一直留了下来。

大儿子林洛几经周折，终于从海南岛回到广州。他专修了工程专业，后来进了广州雕塑院，曾任广州雕塑院办公室主任、副院长，参与了越秀公园五羊石像的维修、翻新及中山纪念堂孙中山铜像的更换等工程。

二儿子林强参加了大学夜校学习，毕业后在广州市的文化单位工作。

女儿林端继承了父母的艺术天赋，从小学习钢琴，唱歌、竖琴。小学毕业那年，她报考音乐学院附中钢琴系，成绩很好，通过了所有考试程序。最后，却在"政审"时，因为父亲林兆明的出身问题过不了关，没有被录取。

女儿眼里委屈的泪水，让林兆明心中绞痛。幸好，女儿后来考上广州的名校执信中学，后来又考入广东歌舞剧院，走上了她所热爱的音乐之路。这让林兆明夫妻俩甚感欣慰。

80年代初期，林兆明搬到广东省话剧院在东山农林下路的宿舍。一厅两房，他们夫妇俩、儿子夫妇及孙子、保姆挤住在一起。后来，又多安排了一个小房间，林兆明和妻子、女儿挤在这间小房间里。

每当林兆明有演出，无论多晚，妻子庆生和女儿阿端一定会等他回家。三个人一起吃夜宵，一起聊天，分享演出前后的兴奋和遗憾，快乐无比。

林兆明爱说笑，家里时不时笑声四起，邻居和朋友经过他们家门前，都喜欢过来聊几句，真是欢乐满屋。这时，庆生就会开心地和林兆明一起唱起他们最喜欢的那首歌——《当我们还年轻》。

香港武侠小说家梁羽生是林兆明的堂妹夫，他每次一到广州，就总是约林兆明喝茶聊天。闲聊当中，"梁大侠"也偶尔会替"明哥"抱怨一句：

"你这个

林兆明与长子一家在广东省话剧院家中合影

林兆明一家在家中合影

大艺术家就住这样一个小房子，太不配了！我要向你们单位领导反映反映。"

林兆明却哈哈一笑拦住他：

"室雅何须大？我现在是谈笑有鸿儒，往来无白丁。我知足得很呢。"

几年后，林兆明在广东省话剧院分得三房一厅的新房子，宽敞了许多。

林端，那个在英德茶场干校和爸爸一起哭哭笑笑的可爱小姑娘，已成长为能歌善舞的气质少女。80年代初，她在广东歌舞团有了自己的宿舍，更在国内流行乐坛开辟了自己的一片天地。

新时期的中国流行音乐，是随着中国改革开放政策而产生和发展的新文化产物。70年代末，广东省歌舞剧院的

林端（右一）在紫罗兰乐队的演出照

音乐人毕晓世凭着对潮流的敏感把握，组建起全国第一支轻音乐队——紫罗兰轻音乐队。80年代初，林端作为乐队里最年轻的电子琴弹唱歌手，在广东地区崭露头

《岁月流星》专辑封面图

角，成为广东首位电子琴弹唱歌手。

　　紫罗兰乐队的队员都是广东省歌舞剧院的专业演员，以相当高的演出水准，短短几年之内红遍中国。紫罗兰轻音乐队和广州东方宾馆音乐茶座可以说是广东流行音乐的萌芽、策源和开端。

　　除了到国内主要城市表演，林端还应邀在太平洋影音公司等多个唱片公司出版过《沙龙女星》《吉他谣》等十多张个人专辑及合辑，获得"云雀奖"、全国专业文艺汇演电子琴弹唱"优秀奖"。在中央电视台专题节目《九州方圆》中，她首唱《故乡行》。在第六届全运会开幕式，响起了由林端领唱的组曲《腾飞》的歌声。自出道以来，林端时常和父亲在广东电视台的《万紫千红》节目、在中山纪念堂及友谊剧院同台演出。后来，她出国留学，继续深造钢琴和声乐；学成回国，成为一名出色的音乐家、音乐导师。

　　儿女们不一定都得继承父母的艺术衣钵，只要他们拥

林兆明父女在《晚安广州》栏目

有自己得以施展才干的事业，就是一种福气。

90年代，广州组建红线女艺术中心。2005年林洛担任红线女艺术中心的党支部书记。

林强则在国外商界发展，取得了成功。

2011年，林兆明和女儿林端一起接受广州电视台《晚安广州》的专访，并同台表演。他赠言女儿："听女儿唱歌，我心感慨多。父女同台演，人生能几何？往事似流星，年华匆匆过。端端需努力，岁月莫蹉跎！"

在林端的新专辑《岁月流星》里，林兆明给女儿写道："用心去唱歌，做一个经得起岁月积淀的歌者。"

第十七节　最佳拍档

在广东的粤语话剧、相声、讲古舞台，林兆明和张悦楷可以说是双剑合璧。

林兆明说："知我者张悦楷也。"

张悦楷说："林兆明眨眨眼，我就明白他心里的意思。"

1957年，广东省话剧团排演《南归》。这是田汉创作的粤语话剧，反映20世纪20年代知识分子的生活境遇和追求自由。林兆明和张悦楷分别担任农村青年和流浪者的角色，这是他们的第一次合作。从排演这部话剧开始，林兆明和张悦楷共同开始了艺术上的探索之路。

刚开始，他俩可谓不打不相识。

一年之后，他们到番禺南村体验生活，要写一个反映人民公社新成立的小戏。为了要不要实事求是地反映农村情况，两人大吵起来。林兆明拍了桌子，张悦楷瞪了眼睛，大家互不理睬。

几天之后，张悦楷来敲林兆明宿舍的门，手上拎着一盒铁观音，见了面就说："老友，烧水泡茶！"这是林兆明最喜欢的茶叶。

20 世纪 90 年代初，林兆明和张悦楷在白云山上合影

林兆明说："喝什么茶呀，今天煮咖啡，我弟弟专门从巴拿马带回来的。"咖啡，是张悦楷的至爱。

冰释前嫌，尽在不言中。心底里，他俩都明白，艺术合作，不可固执己见，任性逞强。惺惺相惜，他们尽量听取对方意见，此后三十多年，他俩再没有发生过争吵。

粤语话剧《七十二家房客》中，林兆明演伪巡警"369"，张悦楷演包租公"太子炳"。在40年代广州小市民阶层中，这两个人物都是贪婪势利、欺软怕硬的形象代表，可笑又可憎。而林兆明和张悦楷都有一定的生活阅历，相当熟悉中下层市民阶层的生活，了解他们的性格特征、生活习惯、语言俗语，也和这个阶层的各色人等打过不少交道。林兆明认为，这是一出喜剧，应该以夸张的手法、诙谐的台词、对喜剧性格的刻画，引起观众对丑的、滑稽的嘲笑，对正常的人生和美好的理想给予肯定。排练期间，林兆明选择了一种夸张、变形的手法来塑造"369"，张悦楷非常配合，向林兆明的风格靠拢，也采用了一种稍微夸张的方式来塑造人物。后来"369"一角得到了大量的好评，张悦楷在团里全力支持老拍档的成功。

林兆明和张悦楷从排演这部话剧开始成为艺术上的最佳拍档。

60年代初，广东省话剧团的粤语翻译组，由林兆明、张悦楷、吴克、蔡传兴、邵立人五位组成，林兆明任粤语队队长兼台词翻译组组长，张悦楷任副组长，切磋研究粤语方言艺术。这是当时粤语队最权威的业务小组。

他们仔细斟酌每句词、每句话，特别注意风格统一，太文雅或者太低俗都不行。所有翻译出来的剧本都要全体讨论通过，一字不改地交给演员排练，再搬上舞台。比如："儿媳妇"一律改为"心抱"，因为粤语台词里面，称自己的妻子不能像普通话那样称为媳妇；再比如："内有文章"，不能翻译成"里面有文章"等。

林兆明和张悦楷的看法一直非常吻合、默契，说自己的意见，经常是异口同声。

每次排一个新戏，要选演员角色，林兆明都会找张悦楷商议，根据角色的性格以及演员的能力、外形来进行分析、评估，最后由林兆明做决定。

改革开放之后，剧团排演话剧《丹心谱》。张悦楷扮演一个正直的教授，当中有一场戏，他大义灭亲，将投靠"四人帮"的女婿赶出办公室。剧本中原来是用一个"滚"字做台词。林兆明和张悦楷讨论了许久，觉得这个字在广东话里，未能充分表现出"滚蛋"那种狼狈相。后来，他们商量决定改用"Lan！（懒音，去声）"这个感情

林兆明、张悦楷在话剧《丹心谱》中

色彩特别强烈的方言动词。

这次演出，也是林兆明和张悦楷多次合作中融洽而难忘的一次。

林兆明说，自己有好几位一生难求的知己，而可以称得上自己艺术上的知音，就非张悦楷莫属了。

"文革"前，林兆明和张悦楷合作过说相声。"文革"后，1982年至1996年间，他们两人在广东电视台录制了大量相声和小品在《家庭百事通》《万紫千红》等节目播出，非常受欢迎。

文化公园中心台、越秀公园等地方都是他们经常说相声的地方。

在20世纪90年代，林兆明和张悦楷合作改编表演的多个具有浓厚广府韵味的相声，受到大众的高度好评和热烈欢迎。《对春联》《胡不归》《包顶颈》《歪批三国》《醉酒》《十五的月亮》《陈梦吉拜年》《你当祖爷爷的时候》等等，都是林兆明和张悦楷经常演出的保留节目。

张悦楷：林兆明，你得唔得闲啊？（你有空吗？）

林兆明：做咩啊？（有什么事吗？）

张悦楷：你得闲就请来我家里食餐便饭呢。（有空的话请到我家吃饭吧）

林兆明：办喜事啊？办咩嘢喜事啊？（你是办什么喜事吗？）

张悦楷：哟哟多喜事咁啦！（是有那么一点吧！）

林兆明：哦，娶老婆啊？

张悦楷：咗，讲笑揾第样！（去，别拿这开玩笑！）

林兆明：讲过讲过，系唔系娶心抱？（说别的说别的，是娶媳妇吗？）

张悦楷：我个仔又未够年龄呢。（我儿子还没到年龄。）

林兆明：咁你系咩喜事啊？（那你是有啥喜事啊？）

张悦楷：听日我是牛一。（明天是我生日。）

林兆明：哦，系你嘅生日啊。（哦，原来是你生日。）

张悦楷：是嘞。

林兆明：我实嚟，我实嚟！（我肯定来，我肯定来！）

张悦楷：饮番两杯吓。（我们来喝两杯。）

林兆明：好，好。

张悦楷：你好饮得酒嘅啵。（你能喝呀！）

林兆明：啲多啦！（一点点吧！）

张悦楷：几多啊？（多少？）

林兆明：二两半啦。

张悦楷：多啲呢？（再来多点？）

林兆明：几多啊？（多少？）

张悦楷：咁啦，一斤。（这样吧，喝一斤，）

林兆明：一斤？一斤唔得啊，一斤饮醉㗎。（一斤可不行，会醉的！）

张悦楷：啊，醉就好啦，我最中意睇醉鬼好戏。（我最喜欢看醉酒鬼的好戏）。

……

这段对话，简直就跟两人的平常聊天无异，但又包含着巧妙的相声包袱，将醉酒的故事说了个开头，然后再把醉酒的人的种种滑稽表现一层一层拆开，让观众听到最令人捧腹的核心。

林兆明、张悦楷的相声，主要从普通话相声改编而来，在原作的基础上增加许多粤语方言元素，用字简洁，粤味浓郁，听着真是很有韵味。

从20世纪50年代开始，除了北京话讲的相声之外，国内各地就有以当地方言说的"方言相声"。

1956年，广东开始出现粤语相声。林兆明就分别和黎民、蔡传兴、吴克合说过相声。1958年，剧团组织下乡演出，林兆明和卓文斌在顺德、中山、东莞表演相声，舞台都是露天的，相声还不怎么成气候，每次开讲前，得敲锣吸引观众。

80年代，广东地区的相声组合有黄俊英、杨达一对，张悦楷、林兆明一对，吴克、蔡传兴一对，他们以各自不同的幽默风格，创作了大量生动诙谐、具有本土特色的粤语相声，在广东地区掀起了相声热潮。多个电视频道的综艺节目，尤其是《万紫千红》《家庭百事通》，以及各大演艺剧场，都频频出现张悦楷、林兆明这对最佳拍档的身影。

粤语相声在形成过程中，吸取了口技、说书、唱歌等技巧，寓庄于谐，通过诙谐的笑料反映各种生活现象，引人发笑。林兆明与张悦楷合作的相声，严丝合缝，尺寸、火候恰到好处，既互相烘托，又各自为主。既有"吽"（粤语呆、木的意思）又有"庆"（粤语活跃、兴奋的意思）；既有"冷面"，又有"火爆"；既有低沉浑厚，又有高亢激越；既有"云遮月"的特色，又有"金石般"的风格；既有憨直朴实的表演，又有机智幽默的特点。两人配合默契，相得益彰，成为粤语相声表演艺术中不可多得的黄金搭档。

他们合说的一个相声叫《好讲唔讲》——

林兆明与张悦楷在广东电视台的《家庭百事通》栏目中表演相声

林兆明：五讲四美人称颂。

张悦楷：文明礼貌记心中。说话人人都会讲，讲好讲丑大不同。

林兆明：是的。

张悦楷：经过全民的努力，广州的文明新风正在慢慢养成。现在交通比较紧张，搭车总是会比较逼啲啦（乘车会比较挤一点）。

林兆明：系啊（是的）。

张悦楷：上车好逼人，我唔觉意会踩到你嘅脚踭（我不小心踩到你），我就会话（说）："对不住，对不住，对不住！"

林兆明：唔紧要，唔紧要，唔紧要。

张悦楷：互相体谅几噤好呢。如果唔系咁样，你踩到佢了，你仲声大夹恶，打横来讲："嗳，你做咩啊！做咩啊！你仲阻头阻势，你只脚踭顶到我脚板啦，你知不知啊你啊！"（能互相体谅多好，否则，你踩了别人，还蛮不讲理："你干吗！你的脚顶到我的脚板了，你知道不知道呀！"）

林兆明：你百几斤重，成只死猪咁砸落嚟，仲话我顶亲你？唔系你打横嚟都得嘞！（你一百多斤重压下来，还说我顶到你，你真不讲理！）

张悦楷：咁就嘈起嚟嘞，你话几唔好。（这么就吵起来，你说，这多不好。）

林兆明：系啊。（可不是嘛。）

张悦楷：同一句说话嘛，几咁唔同。我们提倡文明礼貌，说话嘅艺术一定要讲究至得。（同一句话，不同的说法，就有不同的效果。说话的艺术一定要讲究才行。）

……

林兆明和张悦楷每创作一个相声，都把它当成"大部头"的创作来对待，都到群众中去体会、感悟他们的喜怒哀乐，周而复始地创作、演出、修改，调动各种元素让观众觉得好玩、好笑，又不低俗，直至让观众真正觉得好笑才定稿。

他们另一个相声是《你当祖爷爷的时候》，先是有一个姜昆、李文华的普通话版，叫《祖爷爷的烦恼》，林兆明和张悦楷把它改编成粤语相声，虽然内容一样，结构接近，但是语言不同，完全接了地气。当中的对话不但是信息的交流，也是感情的交流，林兆明和张悦楷两人都是话剧演员，轻松地融入了许多话剧表演的手段，因而非常受粤语地区观众的欢迎。

林兆明认为，由于语言的限制，粤语相声还没有一种专用的语调，而是都用粤语的语气语调。北方的相声，一张嘴，就知道是相声，节奏、语调、语气和平时演戏不同。但是粤语相声并没有强调专用语调，只是逐步向北方相声靠拢。

一次演出结束后，林兆明和张悦楷一起去吃夜宵，例牌的凤爪、油菜、炒牛河、及第粥端上桌，再来一壶铁观音，林兆明倒了两杯茶，先端起一杯给张悦楷，自己又举起一杯说：

"张悦楷，难得我们几十年拍档都没有二话，今后的日子还很长，老哥你一定要好好保重，我们再多演几场戏啊！"

"一言为定！"

《林兆明的艺术人生
之最佳拍档》原声

第十八节　结缘讲古

　　林兆明回到省话之后，剧协也慢慢恢复了活动。林兆明从1950年就是广东省戏剧家协会的会员了，"文革"动乱时期，剧协活动停了好长一段。1979年的一天，几位剧协的老朋友约着回去聊聊天，林兆明就骑着自行车来到文德路79号——广东省剧协的大本营。

　　锁好单车，林兆明就碰见了一个熟人，瘦瘦高高，戴着厚厚的眼镜，和自己差不多身形，原来正是老朋友区荣光。他正在剧协旁边的一家字画店，对着一幅字画正看得入迷。

　　文德路上古玩字画店满布。明清时期的广府学宫就坐落于这条街上，有岭南第一儒林之称。东行，有万木草堂、番禺学宫和广州贡院；往西，有大马站、小马站书院群；南行，还有南园诗社。短短的一条文德路可是文人雅士的好去处。林兆明知道，老区特别喜欢来文德路闲逛。

　　"林兆明，我正要找你！"

　　"好久不见了，这些年你去了哪里？"

　　"一言难尽啊，不过现在电台的人找你找得很急，让我帮忙联系你。"

林兆明和区荣光都是中山人，又同年出生，他俩在青年会业余剧社就很聊得来，都是第一批加入广东省剧协。后来，林兆明加入广州青年文工团，区荣光到了广东人民广播电台，当广播文学编辑。解放初期，他播过《雪地追踪》《珠江怒潮》等一些小说，也邀请林兆明到电台录了不少苏联诗歌和短篇小说。

在这里能碰到老朋友，格外兴奋。原来，区荣光也和林兆明一样，到了英德五七干校，但至今未能回归电台，但正在积极活动当中。

老区还告诉他，电台文学组正在加班加点，重建长篇小说连播节目。老区估计，林兆明是他们邀请录音的人选。

果然，和老区见面没多久，林兆明就接到电台文学组编辑彭锦章的电话，专门约请他录制长篇小说。

原来，国内开始拨乱反正，曾经在十年动乱期间荒芜了的文艺园地慢慢复苏，百废待兴。广东电台也不再播放"文革"时期的小说，节目匮乏。广东电台文艺部的彭锦章找林兆明商量，希望他播讲一部长篇小说。

"你知道《虾球传》吗，你来播这个怎么样？"

《虾球传》，林兆明太了解了，那是广东作家黄谷柳创作的一部长篇。黄谷柳也是林兆明的好朋友，他出身华侨世家，很早就参加革命，是非常有才华的作家。40年代他写的《虾球传》在香港报纸上连载，受到读者追捧。

1957年，黄谷柳被错划为右派，1977年因病过世。1978年刚刚平反，1979年电台就要播出这部小说，可见黄谷柳和他的作品在人们心目中的分量。

一拍即合，林兆明马上开始了案头准备，广东电台还安排了黄慧坤当他的文学编辑，他要讲好这部书，以此纪念这位老朋友。

林兆明进入粤语说书这个行当可谓无门无派，半路出家。粤语说书俗称"讲古"，是艺人用广州方言对小说或民间故事进行再创作和讲演的一种语言艺术形式。民间说书，古已有之。清代以前，广州的说书多数是民间工余饭后群众性的自娱自乐活动。广东的讲古与北方的评书原本师出同门——明末清初的说书大家柳敬亭。作为幕僚，柳敬亭跟随左良玉南下抗清，并以说书鼓励士气，从此将说书艺术带到了广东。

由于在话剧舞台摸爬滚打几十年，林兆明很清楚，一部故事能否受大众的欢迎，取决于多个因素。既要有引人入胜的故事，惊险紧凑的情节，又要有独特的人物形象，令人听其声，如见其人。

《虾球传》与50年代林兆明在电台播讲的苏联短篇小说风格完全不同，它以第二次世界大战结束后的香港社会为背景，以流浪少年虾球的苦难遭遇为线索，反映了城市下层人民的生活。章回故事性强，情节曲折生动，粤语方言丰富生动。这部小说一经连载，就在香港引起强烈反响。

　　林兆明非常尊重作者黄谷柳对40年代粤港地区市井百姓生活的描述，尽量还原其本身的丰富性与贴近性，再对小说进行二度创作。

　　林兆明从小生活在澳门，青年时期到广州上学读书，逐步接触到革命思想、革命人士，有机会与各个阶层的各色人等打交道。在塑造流浪少年虾球的声音形象的时候，他从自己的相关经历或接触到的人物中找到了灵感。

　　20世纪40年代的香港，虾球不过十岁左右就独自离开家里闯世界，误打误撞入了香港黑社会，当马仔，做扒手，搞走私，蹲监仓，历尽劫难同艰辛。后来他在流浪中遇到东江游击队，开始了新的人生旅程。

　　林兆明成功塑造了虾球、鳄鱼头以及多个栩栩如生的声音形象，一经播出，就受到听众好评。

　　这是林兆明播讲的第一部长篇小说。

　　"章回小说"是中国民族特有的长篇小说的特质，老百姓喜闻乐见。《虾球传》借鉴了章回小说曲折、悬疑、以故事取胜的套路。因为虾球在生死一线的关键时刻，靠各种"贵人"相助，当中有妓女六姑、小玲的一饭之恩；有鳄鱼头在他出狱之后，将他带回家里打杂干活；后来给雷公得追杀的时候，遇到巫营长与蟹王七等人，然后绝处逢生。虾球传奇性的成长历程，充满奇趣加惊险的情节，让听众为虾球捏出一身汗，在紧张之中，听完所有的回合。

　　林兆明讲《虾球传》，每个章回的故事起伏非常明显。这个手法也成为林兆明讲古的一大特点。

林兆明确实比较喜欢运用这种讲古手法。

有一天，林兆明正在写《虾球传》的演播稿，写到香港市井生活那一段，黄谷柳和他一起谈天说地的情景又浮现眼前。

他们曾经时常一起饮茶吃饭，说起家里都是几代华侨的大家族，两人聊得特别投契。黄谷柳参加过游击队，他对香港和广州两地的风土人情、都市景观非常熟悉，无论是对黑社会组织结构、入门行规、黑话手势的介绍，还是对殖民统治背景下，水上人家与下层工人的生活，都了解得细致入微，也把这些写进小说里，栩栩如生地展现在读者眼前。

"老朋友啊，你写得太好了，太有生活了！"

由于林兆明自己的成长背景比较独特、生活阅历比较丰富，他用声音语言表现其中的故事，就更得心应手。于是，林兆明着重对这些细节进行了一些再创作，通过语言加工，地方色彩更加浓郁，人物的声音形象也更加鲜明饱满。

听众喜欢听《虾球传》，里面的地方特色与社会风情吸引人也是一个重要原因，林兆明的播讲让小说增色不少。

《虾球传》播出一炮打响之后，1981年，彭锦章和黄慧坤又约林兆明播讲了《刑警队长》，这是80年代初的悬疑侦探小说，是当时文学上的一个杰作。

林兆明认为，讲古节目一定要选择情节曲折紧张、引人人胜的作品，否则一天、两天之后，听众不一定能追下去听。

《刑警队长》由王亚平在1980年创作，可谓刀光剑影，跌宕起伏。刑警，在众多人的心目中是一份神秘又荣耀的职业，大家对刑警充满敬意与好奇，这部小说不但情节曲折紧张，而且结构严谨、推理细密、富有生活气息。

小说讲述了发生在1979年的一单凶杀案，以及几起相互有关联的案件。刑警队长陈忠平深入调查，进行周密的推理，顺藤摸瓜，终于查出了幽山湖案件的主谋，让凶手落网。小说风靡一时，成为当时的畅销书。

为了讲好这个故事，林兆明连续几个星期，去到自己一位在公安系统工作的亲戚家，找他聊天，了解当时管理劳改人员的生活情况与想法，了解劳改人员的心态。

林兆明所理解的刑警队长，是一个俊朗、威武、理智又重情的年轻警官，他用一种明快、饱满、果断、干脆的音色来表现他的语言与动作。

用今天的话来形容，就是让一个有型的暖男形象树立在听众心中。

后来，林兆明重听这个故事，自己都觉得不可思议，竟然能塑造这么一个年轻帅气的刑警队长的形象。

林兆明在演过话剧，又录制了两个长篇小说之后，对演播小说有种欲罢不能的感觉。

若说难易，讲古比起话剧困难得多，因为讲古要做大量的案头翻译工作，复杂繁琐。演话剧，一个剧本无非是三四万字，而讲一个长篇故事，就要自己把书面语全部翻译改写为口头语。特别是长篇小说，最短的都有一二十万字，林兆明演话剧出身，经常喜欢用转调，即改换节奏去表现各种类型的人物，由自己一个人去创造成千上百个人的声音形象。话剧的节奏是由导演掌握，而讲古的全部节奏都要由自己掌握，实际上是自编自导自演，一个人兼顾多个环节的创作。然而，复杂当中也包含着一种极大的自由度，可让演播者充分发挥，不受场地、空间的限制，更不受年龄的限制。

这让林兆明发现了讲古中蕴藏的无限魅力，使这位话剧演员艺术生命的长青成为可能。

《虾球传》原声

《西游记》原声

第十九节　巅峰之作

　　林兆明上小学的时候就和齐天大圣孙悟空做了好朋友。那时除了上学校里的课，父亲林景云还请了先生，到家里来教他熟读四书五经。这些都完成的话，他就可以自由读书。

　　林兆明最喜欢的古典长篇著作就是《西游记》，当时感觉爱不释手，恨不能一晚上把它看完。

　　看了《西游记》，一连好几个月，少年林兆明做梦都沉浸在孙悟空和妖怪的打斗之中。孙悟空的神通广大、无所不能、正直忠诚，在他幼小的心灵里扎下了根。

　　没想到，这本书有朝一日会与他结下如此深厚的缘分，让世人把《西游记》和他的名字联结起来。

　　1979年，广东电台文艺部急需填补浩劫之后空虚的节目库，当时的文艺部主任白清芬与文学组邝景焉、彭锦章、黄慧坤等编辑商量，希望他们物色和发掘优秀的小说演播人才，尽快录制播出一些优质好听的长篇小说。

　　彭锦章这位"老文学"，对声音个性与文学故事有着超强的感受力和理智的判断力。他专门负责选书、选演播者和送审。他考虑把中国几大经典名著都录下来播出，找谁来播《西游记》呢？

嗯，林兆明音色较为独特，最敢于夸张，喉音低重、嗓音高尖，喉音和嗓音迅速转换的能力强，而且他对原著有极强的领悟能力并有着丰富的表演手段，应该是播讲《西游记》的不二人选。

1979年，林兆明接到了在广东电台播讲《西游记》的邀约。

30 年代初，林兆明在原广东电台录制小说连播《西游记》

他既兴奋，又有压力！平时一直很喜欢那只变化多端的猴子，还有那只表面憨厚、实际上有点小狡猾的猪。女儿小时候，林兆明就经常给她讲《西游记》，孩子们非常喜欢听。现在，要改编整个故事，并录制出来，这是一件非常艰巨的工作。

他又重新读了好几遍。《西游记》中各种神奇的精灵，在林兆明看来，都是有血有肉的人呐！

这本名著描写孙悟空、猪八戒、沙和尚保护唐僧西天取经、历经"九九八十一难"的传奇历险故事。全书故事的描写充满幽默同风趣，给读者以浓厚的兴味，《美国大百科全书》认为，这是"一部具有丰富内容和光辉思想的神魔小说"。

林兆明琢磨，《西游记》人物众多，每一回都有新的人物更换，很难把握。在电台讲故事与在舞台演戏不同，很难表演出细腻的表情，必须凭借声音，用大量能变化的声音来弥补因看不见带来的缺陷。

那些日子，林兆明晚上做梦，脑子里全是唐僧、孙悟空、猪八戒、沙和尚，他得让这四个人物的造型声音贯穿全场。

他经常跑到广州动物园的猴山去，一待就是半天，观察和记录猴子喜怒哀乐时的发声声音和状态。

孙悟空是顶天立地的形象，在孩子们眼里，他是正义和勇敢的化身，他无所不能，也无所畏惧。

怎样才能塑造好孙悟空的形象呢？林兆明一直苦思冥想，好长一段时间找不到灵感。

二儿子林强个性活泼好动，当时才二十出头，林兆明问他：

"阿强，你觉得猴子是怎样讲话的呢？"

林强笑了："爸爸，你真逗，问我猴子怎么说话，好吧，我就是猴子，'咔咔咔'，'唧唧唧'，'哎呀呀'，嘻嘻嘻嘻……"

"哎呀，对啦！"

于是，林兆明马上就找到了孙悟空的发音感觉，将声调提高："唧唧唧，我呸——"

每次孙悟空出现，一句"唧唧唧，师傅！"的开场，就把孙悟空一些猴里猴气和哼哼唧唧的东西，拿捏到位了，活泼、调皮，天不怕，地不怕，孙悟空的声音形象呼之欲出。

林兆明终于揣摩出用这样一种特别的声音来表现孙悟空，通过声音的抑扬顿挫，语音、语调、语速的把握，反映孙悟空不同情境下的内心感受。包括一些孙悟空的动作和细节，他都力求用声音加以完善和提高，让听众听到一个浑然一体、有血有肉的孙悟空。

唐僧，温和善良，为人懦弱，从不发火，凡事息事宁人，有时是非不分。他经常这样说话："好啦好啦，不要吵架，明天还要赶路的。"林兆明就多用轻音来表现他的说话语气。

沙和尚，老实，不怕累，总是抢着干苦活，但脑子不太会拐弯。林兆明就赋予他一种老老实实的中音。

猪八戒，有点笨笨的，自以为是，但是他从不害人，有时还挺可爱。怎么用声音来塑造呢？

林兆明反复斟酌，都感到不满意。

某天，林兆明出去修理单车，顺便换换脑筋。

沙河大街上有个单车修理铺，那里的朱师傅天生说话带点口吃，但特别喜欢和人聊天。林兆明每次去修单车，常常很放松地和他开玩笑。这天，他见林兆明没事在路上闲逛，就招呼他过来修车铺里坐下。

林兆明和他聊起来：

"朱师傅，今天生意不错喔，单车都在这里排着队等你招呼，我恐怕得排到单车后面去呢！"

"林……林兆明，你……你就好彩啦，你一个月赚……赚成百元，我……我从早到晚，一身水一身汗，先至赚……赚几十元。"

"嗯？你说什么？朱师傅，你太好了，帮我想通了一个大问题！"林兆明说完，连单车都不拿，就起身走了，留下朱师傅在他后面喊：

"再……再坐一……一会嘛，你……你的单车还没修好呢……"

林兆明忙不迭地赶回家，刚才朱师傅的口吃启发了他，他瞬间有了灵感要赶紧记录下来。他想，如果猪八戒一开口就像朱师傅那样说话，叫孙悟空做"哥……哥啊"，会不会个性鲜明一些呢？对了对了，就是这样！猪八戒的口头禅横空出世，与众不同的语言个性也就此出现了。

在录音间里，文学组的彭锦章、黄慧坤一听他这句猪八戒的"哥……哥啊"，马上被逗乐了，隔着玻璃就冲他竖起大拇指。

由于人物太多，不可能对所有的人物都有深刻的刻画，林兆明就集中刻画小说中一些重要的人物。像牛魔王，性情凶残，林兆明说到他的时候，把声音压低、变粗，带着一点蛮劲和狠劲；铁扇公主，刁蛮傲气，林兆明说到她，声音立刻拖长拉高，有一股凌驾于众人之上的傲气，让人感到，千万不能冒犯她，否则就会送给你好一阵铁扇的狂风；托塔李天王，手中权力很大，他日夜手托铁塔，却只是为了对付自己的儿子哪吒，性格不可爱，林兆明就用一种木木呆呆、没有太多起伏顿挫的声音来做他的声音造型。

林兆明不愿意"依书直说"，一定要自己重新誊写讲稿。先是从头到尾读几遍，有了思路后，再根据情节的需要，增加或删减原著不适合的部分。

录播《西游记》，林兆明重新再创作了二十几万字，花了差不多半年时间，每天写到深夜，手指都写得起老茧了，还不停下来。讲稿有两千多页，两尺多厚。

在《西游记》特定的世界里，有各种各样稀奇有趣的妖怪，二奇百怪，林兆明用他特有的天真与童心去接近这些精灵，赋予他们生命。他还用大量

羊城晚报

《西游记》故事节目又开始了　　晓枫摄

林兆明讲「古」够「生猛」

他讲《西游记》，不少人听上了「癮」，宁可推迟吃饭也要按时收听

本报讯 自去年十一月初开始，林兆明在广东人民广播电台播讲长篇小说《西游记》，广大听众争听不厌。林兆明和省电台的记者最近到珠江三角洲沿海的一些地区，如番禺县的莲花山公社和珠海、中山等县市采访，发现的讲《西游记》节目。爱听林兆明讲《西游记》的还有大学生、医生、教师，甚至大学中文系的老师们，他说：既然看过《西游记》，但林兆明讲得传神无穷，调引人。

林兆明是广东话剧团演员，在话剧《七十二家房客》中成功地扮演了「三六九」这一角色。他讲《西游记》付出了大量的劳动，删掉原著不合适的部份达八万多字，结合地方特点和运用广东方言翻译，再创作达二十三万多字，费时半年多。他把家传户晓的孙悟空、猪八戒、沙僧和唐三藏的形象和他们的活动，讲得如见其人、如闻其声，使人听后有近在眼前之感。

在电台播讲《西游记》的时间里，人们多多，再创作二十三万多字。记者在半年前的一天中午访问广州郊区鹤洞公社，一位副书记深怀歉意地说：「对不起，你们先喝茶吧，我等听完故事再接待你们」有些青少年听完故事，宁可推迟吃饭，也挨时收听每天半小时。（周文禄）

粤语的俗语来演播，形成活泼风趣、诙谐滑稽的喜剧风格，生动幽默，透出生活气息，折射出世态人情，又有一种童话的美感，充满童趣。

功夫不负有心人。《西游记》最终成为林兆明艺术性最高、趣味性和娱乐性最强的一部讲古作品。

虽然取经路上险山恶水无数，妖精魔怪层出不穷，充满刀光剑影，唐僧师徒的胜利也来之不易，但听众的聆听感受总是轻松的，充满愉悦，一点都没有紧张感与沉重感。

《西游记》播出后，反响十分强烈。林兆明收到大量的观众来信，最令他印象深刻的是一群盲人听众托人写来的一封信，上面写道：

"我们眼睛看不见，生活很枯燥，听你讲古仔，让我们的生活添加了很大的乐趣！"

林兆明非常感动。

《广州日报》曾载文写道：

如果没有听过这些妙趣横生的粤语对白，也许你都不好意思说自己是广州人吧！

猪八戒对孙悟空说"哥……哥啊"……孙悟空挥起金箍棒大叫一声："唧唧唧，我老孙来也！"

确实，这些粤语对白的创作者和演绎者林兆明，连同这些经典性的语言，成为了岭南文化的一个标志性符号。

《广州日报》刊登了作家曾应枫撰写的报道《长篇连播万人空巷，铸就广府集体记忆》，其中有一段是这样写的：

曾几何时，一到中午12点，全城男女老幼都拿着饭碗，竖起耳朵，收听林兆明的长篇连播《西游记》。

20世纪70年代末，曾有一位老广州人，在长篇连播时不带收音机，他从东山口一直走到西门口，再转上西濠口直到南岸路，每间店铺、房屋都在播送这段言，他可以全程听完一节《西游记》。

林兆明在《西游记》演播照前留影

当讲到"孙悟空这只马骝"的尖细短促"嘿、嘿嘿"和"咂咂"声，猪八戒宽厚的胸腔发出的略带口吃的"哥……哥——啊"，便让人忍俊不禁。

从20世纪70年代末开始的林兆明小说连播，影响了广府地区一代人，成为人们的集体记忆。

《新快报》也有报道："可谓珠玉在前，后来无人敢再讲《西游记》这部小说。"

林兆明通过大胆的艺术想象，一丝不苟、精细、生动、丰富细腻的声音语调，以及张弛有度、抑扬顿挫、情绪饱满的角色声音，创造出属于他，也属于几代粤语听众的《西游记》，一个神奇绚丽的神话世界。

出席原广东电台白云山"长篇小说连播研讨会"的讲古名家（由左至右）：李伟英、颜志图、张悦楷、胡庆穗、林兆明、梁锦辉、区荣光

第六章　一嘴纵横

80年代,
林兆明创作了题材、风格多样的讲古作品,
有千奇百怪的神魔故事、
历史演义、帝王传奇、武侠志怪、
现代悬疑侦探小说,
表现了深厚的文化底蕴,
以及扎实的粤语语言表演艺术功底。

第二十节　历史演义

20世纪8C年代，正逢改革开放初期，呼唤伟大的中华文化复兴，民族精神重新觉醒。那是一个朝气蓬勃的年代，一个充满活力、对未来充满希望的年代。那时候，图书馆里的中外名著非常紧俏，购买需要排队预约。不少读书人知道新华书店、各出版社门市部要预定发售新一批中外文学名著和历史典籍的消息，都会起个大早，赶到新华书店门口排队。这种求知热潮席卷全国，也广泛影响了南粤说书界。

1981年，广东电台约请林兆明演播《东周列国志》。

这是明末小说家冯梦龙所写的一部历史演义小说，以春秋五霸和战国七雄为主线，描写了从宣王中兴到秦灭六国这段波谲云诡的历史。

在原广东电台录音间演播《东周列国志》

这部巨著是中华文化的优秀遗产。

林兆明在中学时代读过《东周列国志》，知道这部书的语言文白夹杂，典故甚多，阅读难度很大。现在，要把它变成口头语讲给听众听，深知不可轻易怠慢。

林兆明及二弟和世伯黄文宽齐举杯

这时，广东省话剧院正排《可口可笑》，上午开会对稿，之后一直排练，排到中午1点。

一点半，林兆明骑着自行车往中山四路黄文宽的家赶去，他敲开了黄文宽世伯家的门。其时，林兆明当时已经五十出头了。

"是兆明啊？这么急跑过来什么事啊？"

黄文宽是林兆明父亲林景云的知交。20世纪40年代，林兆明到广州求学，黄文宽就一直负起照顾、指点他成长的责任。

"黄世伯，兆明无事不登三宝殿，电台约我讲《东周列国志》，少时学艺不精，现在临时抱佛脚，只好再来请教您啦！"

黄文宽早年就读于培正中学。1931年"9·18事变"后，他曾携募捐款到绥远支持冯玉祥的抗日同盟军，1932

年，他毕业于广州法学院，执律师业。抗战初期投笔从戎，后被派至澳门收集敌伪情报。香港沦陷，返回内地，先后在广州大学、广州法学院、中山大学任教。他虽以法律为业，却又是一位广泛涉猎考古、文学、史学、诗词、哲学、文字学、书法、篆刻的学者。1953年起，黄文宽任广东省文物管理委员会委员兼秘书主任等职，后任广东省文史研究馆副馆长、广东省政协常委、省人大法制委员会委员、省律师协会常务理事等职。

对于林兆明这几十年来的生活情况、事业成长，黄文宽一直关爱有加。

"嗯，你的《西游记》已经讲得很成功，现在还能把《东周列国》拿出来讲，不错！这部书史料丰富、人物众多、线索纷繁，是一部非常难啃的大部头。可见电台方面和你都很有魄力呢！"

'记录春秋战国时历史的经史典籍一般都文字晦涩，不具备一定学养的人很难读懂。这部小说虽然是古白话文，语言比较生动，遣词造句也算平易，不过，要讲好它，我也是心中无底的。"

林兆明毕恭毕敬地递上《东周列国志》，上面已被他画得满是记录符号，满是深深浅浅的杠杠。

黄文宽接过书，轻轻翻看了一下，沉吟半晌，说：

"东周全书一百零八回，前八十三回是以五霸迭兴为中心，后二十五回则以战国七雄的为中心，涉及一系列重大事件，如管仲相齐、重耳出亡、吴越争霸等，内容纷繁复杂，你要讲得有情节性，就尽量讲好那些小故事，像烽火戏诸侯、退避三舍、二桃杀三士、完璧归赵、纸上谈兵、毛遂自荐等。这些故事都演化为后世常用的成语故事，你要是讲好了就能出彩。"

"原著有很多生僻疑难的词句，我查过《康熙字典》，但对读音、解词、释典，还是不太有把握，所以过来问问您。"

"必要之处可加以简略的串讲，常用难词则不怕重复。越是脍炙人口的故事，讲好的难度越大呢。"

当时，很多人不知道"寡人"和"朕"的意思，黄文宽跟林兆明引经据典解释"寡人"的意思，原来，"寡人"，即是"寡德之人"的意思。"朕"，是不够好的人的意思，是自谦的"我"的称谓。

原来皇帝对自己的称呼，用的是极端的自谦辞，只有皇帝自己才能够用。林兆明在讲古当中，尤其着重让听众听明白这个平时不太留意的词的意思。

最后，黄文宽对林兆明说：

"这本书时间跨度五百多年，人物有两千多个，称王称国的四五十个，而且前后不相连，要讲好它，只有把内容拆开，再重新组合。兆明，你做这些就相当于要重新写一本书！不容易啊，但你只能这样做。"

那段时间，林兆明经常来到黄文宽家里，聊《左传》

《战国策》《史记》。他还研读过范文澜、郭沫若等学者的文史专著，还登门请教过广州诗社的张采庵等专家学者。

随后，为了将故事讲得通俗易懂，他做了大量的案头工作，将原作做了大幅度的增删、翻译、编写，把历史读本变成口语讲稿。书中古字多，既难读，又难懂，一个小时的故事，起码要花十几个小时来整理，改编。

当时剧匹里正在排练话剧《可口可笑》，林兆明扮演的反面角色张经理有三百多段台词，他只能利用业余时间为讲古做案头准备，时常通宵达旦。

林兆明花了近一年半时间，终于完成《东周列国志》的编译，粤语讲稿达两百多万字。

为了达到最佳效果，林兆明还去到青年文化宫、广州市少年宫，一次又一次面对群众试讲，听取群众意见之后，再做修改。

1982年，录音完成。广东电台一共播了一百六十回，后来有些版本剪辑为一百九十回。这是当年广播电台连播时间最长的一部小说。

林兆明用恢宏大气、沉雄深广的语势，将繁杂的人物和事件熔为一炉，条理清晰地叙述了春秋战国时期的历史，将是非善恶暴露于听众面前，让粤语地区的听众以及生活在世界各地粤语人群，通过听故事，感受一个个历史人物的心灵脉动。

1984 年，林墉赠予林兆明的画作

这部连播故事横穿《左传》《国语》《战国策》《史记》等书，将分散的各诸侯国的发展、变化，各国之间的关系、人物传记，按照时间顺序串联起来，熔为一炉，成为一部结构完整的历史演义。

作品主要描写了从西周宣王时期直到秦始皇统一六国这五百多年间的大部分历史故事，以国家的兴亡成败为主题，致力探讨气运盛衰、人事成败之间转化变迁的因果关系。通过人物命运的沉浮，形象地提示听众，能否注重道义，任用贤能，是判断一个国家前途命运最根本的依据。

林兆明从西周王朝最后一个国王周幽王讲起，把这部春秋战国史演播得荡气回肠。

《东周列国志》播出后，社会反响十分热烈，大中学校的教师、青少年学生、历史爱好者对这部故事的喜爱程度不亚于《西游记》。

在一次试播中，林兆明对在场的青少年朋友说：

"希望同学们能够从名著中吸取精华，通过对讲古艺术的欣赏，更好地了解、学习中华传统历史文化。我希望能为同学们的成长增加一些推动的养料。"

许多听众把信寄到广东电台文艺部，高度评价林兆明的讲古技巧和水平。

后来有专家评析林兆明的这部评书作品，认为林兆明对粤语艺术价值的探索与坚持，加上深厚的话剧表演造诣，让他在讲古与演剧之间，在精致与通俗的表达中游刃有余，处处有戏，声声是艺。

画家林墉也专门画了一幅有特别含义的画送给林兆明。上面画有：花、葫芦、斗笠和小鸡。题跋：兆明大笑家开怀。正文曰：横踞三垒多豪气，六方共赏新粤声；九州嘻哈诵妙语，葫芦绽开花常青。释曰：影剧视谓之三垒，天府地曹加东西南北谓之六方。

林墉用另一种艺术语言高度概括了林兆明粤语讲古和粤语话剧艺术的艺术特点，表达了对他艺术长青的祝愿。

《东周列国志》原声

第二十一节　英雄豪迈

20世纪50—90年代，广州人民北电台大院，有一座苏联式的五层建筑，左右对称，方方正正，回廊宽缓伸展，给人恢宏庄严的感觉。

现在那栋老式的大楼已经拆掉了，只剩下大门的柱子和门框。在原地方重建的，是气派的广东广播电视台大楼，也叫广东广播中心。站在十三层播音区外的平台上，大家可以看到窗外的流花公园，绿树成荫，湖面宽阔。

这里的前身是广东人民广播电台，五楼是直播区，一楼是三百平方演播厅，四楼有十多个录音间和剪辑室。林兆明已经在这里录制播出了《虾球传》《刑警队长》《西游记》《东周列国志》等几部长篇。1984年，他在这里开录《朱元璋演义》。

《朱元璋演义》由清代徐雯珍著，讲述放牛娃朱元璋出家做和尚，逐渐成为反元义军领袖，一统天下，直至建立明王朝的历史过程。

这部小说人物众多而个性鲜明，有石破天惊的刀枪决斗，也有生死曲折的儿女私情，富有人情事理并带有传奇色彩，波澜壮阔。

当时，广东上空的电波里，新派武侠小说热闹非常。这部小说并非武侠，怎样才能吸引听众呢？

面对这部作品，林兆明陷入了深思。

"讲古"是声音艺术，不但要让人听明白，还要求用声音去塑造和区别人物，十八般武艺全部集中在一张嘴上，难度相当大。加上当时武打小说已经趋于饱和状态，若不推陈出新，仍用"来将何名？"这样的传统讲古方式，实在难以吸引听众。于是，林兆明大胆创新，把《朱元璋演义》处理成充满喜剧色彩、带滑稽风格的作品。

虽然滑稽，但他并不乱加噱头，硬要挤人笑，而是在准确把握人物性格的基础上，用心设计声音，并适当夸张。

如一代天骄朱元璋，林兆明赋予他的是明亮稳重，又音调畛高的声音；能征惯战但满身大老粗气味的常遇春，林兆明则用又粗又重的声气来代表他；另一位大将胡大海，嗓门特别大而口吃……

真可谓人各一声，闻其声即识其人。

对于夸张性的处理，林兆明追求的是合理的可笑。为了突出朱元璋的勇敢、力大，根据作品中朱元璋年少牧牛赤手空拳勇斗牛崽的情节，林兆明从传说的角度略加夸张，讲述朱元璋双手握着牛角，把整头牛举向半空，一抛，从东山抛向西山，荡气回肠！

常遇春的那段打鬼经历，林兆明处理得笑料百出。这位牛高马大、万人莫敌的大将是一个孝子，又极其怕鬼，一旦听说庙里经常闹鬼，他就冷汗直冒。惊惧之余，他又担心母亲被鬼吞吃。常遇春对母亲说的话，林兆明如此演播：

"您睡床里边，我睡床外边，如果鬼来了，光吃我这么个大汉也就饱了，吃饱了就不会吃您了！"

真让人忍俊不禁。

另一位个性人物胡大海，总是经常错有错着，傻人有傻福。

林兆明如此演播：

"胡大海指挥打仗，怯敌退阵，反而将敌人搅糊涂了，结果反败为胜。为了救朱元璋，他从半山上直跳下来，人人都以为他会粉身碎骨，想不到他又安然无恙。原来，他刚好跳到敌阵的人群中，自己没有一丁点事，反而压死了十几个敌兵。"

正是有了这种喜剧化处理，林兆明演播的《朱元璋演义》，一个个人物活灵活现，妙趣横生，让人捧腹。

《朱元璋演义》一经播出，就得到媒体与文艺评论家的充分肯定。《羊城晚报》知名文化记者黄兆存如是评价："林兆明播讲的《朱元璋演义》，是一部充满传奇色彩的滑稽武打古典小说。"

《广州日报》记者王汉中，写了题为《讲古声里斗精新》的文章，披露林兆明为了使《朱元璋演义》的演播更曲折、紧凑，对情节和人物有删也有增，一共删去原著十多万字，又增写了六万多字。

这位细心的记者看过原著后，发现林兆明演播中删掉了一个人物——朱元璋的养子朱沐英。

原来，书中的朱沐英来历不清，性格不明。林兆明觉得这个人物在故事中是个累赘。是删，还是留？他有点举棋不定。

为了做出决定，林兆明设计了两个话本，一是留，二是删。林兆明将两个话本都分别讲给朋友们听，收到的反馈是多数朋友都劝林兆明把这个人物删去。

说书讲古必须扣紧听众的心弦，故事要一环扣一环，情节要一浪高于一浪。于是，林兆明决定删掉"朱沐英"。他还删了原著中一些可有可无的情节，如"大战朱石基"，他觉得听起来不精彩，太啰嗦，就干脆全部删去。

对"胡大海"的故事细节，林兆明也做了好些增删。原著中的胡大海有时英勇，有时又很怕死，甚至有人品不好的细节。

书中有这样一段情节：胡大海赌博输了钱，回来拿了老板傅友得的钱去还债。傅友得让官府去捉拿他，胡大海反而诬告傅友得勾结土匪，致使傅友得被抓入大牢。林兆明判断，把胡大海写成有意诬害傅友得的"小人"是不符合人物性格的。他重新设计情节，让胡大海诬告傅友得之后，马上发觉自己这样做不妥，又冒死劫狱把傅友得救了出来。听众听到这里，都觉得故事曲折，人物的行为举动符合胡大海的性格，胡大海并非"小人"，而是一时性起做了错事，知错后马上改正的"粗人"，从而觉得这个人物可爱、可信。

80年代，是林兆明演艺生涯的繁忙时期，除了大量舞台演出，林兆明还腾出时间来准备讲古的案头工作。

说书的压力要比演戏大得多。演戏，有不同的角色，可以轮流休息。讲古，则要把所有的案头工作，包括改编原作，各色人物的塑造、不同情节的连接等等，全部独自完成。工作量之大，是旁人无法估计的。

当年，一位姓吴的听众赋诗描述收听《朱元璋演义》的感受。报纸登载如下：

《听林兆明讲"古"》

万家静坐听君声，

四处刀枪战马腾。

波传大明英烈传，

叱咤风雷耳畔生。

第二十二节　武侠志怪

80年代后期，林兆明播讲了两部武侠志怪小说，一部是包青天的故事《三侠五义》，另一部是济公的故事《济公传》。在他准备这两部小说的同时，张悦楷在准备《倚天屠龙记》《书剑恩仇录》等金庸的武侠小说。

这天，张悦楷到林兆明家闲聊，一说起"讲古"经，两个老伙计就聊得热闹，貌似抬杠，实为切磋。

林兆明戴着一副黑框的近视眼镜，拍拍茶几上的一堆书，笑着对张悦楷说：

"你一开讲，我就准时打开收音机，对着书本来听你讲。"

张悦楷一边呷着茶，一边说："呵呵，多谢你听得这么仔细。"

林兆明："我是想看看你有没有讲错呢！"

张悦楷："嗨！我就知道你没有什么好话。说归说，你听我最近这两部怎么样？"

林兆明："嗯，你扮女声确是一流，神似。我不及你这么男女通杀，我还是倾向于硬气一点。"

张悦楷："你的包公和济公确实够硬气，我喜欢！"

林兆明："有人说这两个故事内容并不新鲜，也不刺激，甚至有点老掉牙。但我不管，他们爱怎么笑就怎么笑吧，只是我对包青天已经不是单单在讲一部小说连播了。"

包拯是中国历史上著名的清官，一个家喻户晓的人物，作为宋朝名臣，因其铁面无私的正直形象被人们誉为"包青天"。林兆明很清楚，包拯能流芳百世，主要在于他的刚直清廉、高风亮节。

他在老百姓心中的信念和期望，归结为四个字：义、忠、情、孝。这也是林兆明自己心中的信念。

经历了20世纪40年代培正中学的教官欺压事件、目睹海珠桥被炸、扮演"369"的成功、"文革"时期的是非颠倒、改革开放后老百姓对于清明政治的欢迎与拥护，如今，包拯对林兆明来说确实不仅是一个角色，也不仅是一个历史人物。

在林兆明看来，宋朝虽有包拯，为人必也无错，却仍是一个原型。但他同时又存在于任何一个朝代，每个朝代的百姓心里都希望有一个这样的包拯，所以流传了许多故事，将包拯神化了。这是人们一个美好的愿望，当人们非常希望自己长生不老、希望自己法力无边而又做不到时，就为自己编织了美丽的神话。同样，当人们希望有一个一身正气、为民请命、伸张正义的人出现，就创造了这样一个清官。经过几百年的流传和演绎，到了20世纪90年代的时候，包拯成了林兆明说书作品中的一个独特的形象。

《三侠五义》由清朝石玉昆所著，这部小说是古典长篇侠义公案小说的经典之作，堪称中国武侠小说的开山鼻祖。当中脍炙人口的故事对中国近代评书曲艺、武侠小说乃至文学艺术的内容都产生了深远的影响。

小说中，宋朝包拯在侠客、义士的帮助下，审奇案、平冤狱。三侠客，包括南侠展昭，北侠欧阳春，双侠丁兆蕙、丁兆兰兄弟；五义士，包括钻天鼠卢方、彻地鼠韩彰、穿山鼠徐庆、翻江鼠蒋平、锦毛鼠白玉堂。他们帮助官府除暴安良、行侠仗义。

林兆明播讲的《三侠五义》让听众如置身其中，心弦随着故事的发展而拉紧或放松。

对大多数普通市民听众而言，他们听故事都是为了娱乐、消遣，那些情节惊险曲折、悬念迭出、离奇刺激的故事更加适合他们的口味。林兆明在演播故事的时候，从听众的审美需要出发，将豪侠的武功超群、身手不凡、行踪诡秘、来去无踪演绎得更加活灵活现。将侠义之士翦恶除奸，救人于危难，身处险地，又面临生死的较量与抉择表现得更为淋漓尽致。所有这些，都是为了增强故事的惊险程度，增强吸引听众的效果。

林兆明在改编时，增加了一些有关包公的细节描写。比如：原著中包公是一位性格刚直，又四平八稳的人物。在包公审乌盆案一段，老汉说，乌盆会开口说话。但是包公审问乌盆时，一次、两次，乌盆都没有出声，包公认为老汉说谎，下令棍打老汉，老汉不服。第三次审乌盆，乌盆果真讲话了。书里面只是模糊地点到包公判错案，为了让包公的形象更加鲜明，林兆明把故事改为老汉告包公，包公深感内疚，送了些银子给他。这个细节更加鲜明地突出了包公正直善良的性格。林兆明用一种沉实、中速的语调表现包公的镇定与明察秋毫。当中，林兆明还变换说话节奏，渲染人物的性格与关系。

《三侠五义》中的公案故事多数是因财色而引起的刑事案件，往往会引起听众情绪上的不安或不快，林兆明进行了一些加工与描述，让恶人不但受英雄捉弄，有时也得到自作自受的恶报，因此呈现出诙谐、轻松的格调与氛围。

虽然很多说书人都讲过包拯的故事，但是粤语讲古中最为经典的，非林兆明莫属。他天生有一种能把观众立刻拉入剧情的感染力。林兆明演播的包青天正气凛然，说话字正腔圆，在《三侠五义》里，他能严肃、能搞笑、能发呆、能充愣、能有心理反应、能腹黑、还能卖萌。

林兆明播讲故事讲究"悬念"，让听众有追着听下去的愿望，欲罢不能。在《三侠五义》中，这个特点非常突出。

改编时，林兆明使用了大量的悬念，随着情节的迂回、曲折、变幻、起伏，吸引听众不断听下去。林兆明还经常使用一种方法，突然中断，另叙他事，等到适当时候再接着前事讲述，此"黄云断山"法推迟了悬念的解决进程，更长时间地调动听众的收听兴趣。

历史是精彩的，给老百姓听讲一个精彩的历史故事，更加精彩。

80年代初，林兆明一家从水荫路搬到东山一带。他家住的省话宿舍在竹丝岗二横路，这条路紧靠东风东路，与农林下路平齐，闹中取静，弯弯窄窄。省话大院在这里不显山、不露水。林兆明和妻子平时上街买买菜，走几步就办齐了，生活很随意方便。

大儿子林洛一家和他同住，1980年，长孙林深出生。

林兆明当上爷爷了，他开心得天天上街采购食品，烧鹅、活虾、时鲜生果等各种好吃的，总是由他负责备办。

林兆明的妈妈余汉秋得知第一个重孙出生的消息，专

20 世纪 80 年代与母亲在一起

林兆明母亲和长曾孙林深

程赶来广州，要抱一抱这个小宝贝深深。

刚好这一年余汉秋年届七十岁，儿女们各自带着自己的小家庭从世界各地赶回来给妈妈拜寿贺喜，真是喜气洋洋，满堂红彩！

广东人有个习俗，就是孩子出生一个月后，得跟亲友们见见面，大家一起祝愿孩子健康平安、快高长大。此时，若有家族中最年长的长辈抱抱孩子，就是全家最大的福气。

满月那天，曾祖母汉秋抱着深深，亲了又亲，看了又看，笑得合不拢嘴！

余汉秋这趟上广州，得知林兆明演播的《西游记》获得听众极大的好评，看到自己一直记挂的大儿子事业如此成功，她终于老怀安慰了！

1983年，余汉秋老太太因病在澳门离世。

她身边的人说，老太太走的时候很安详。

林兆明夫妇到香港为母亲的七十寿辰贺寿

1979年，林氏家族为母亲七十大寿贺寿（前排右四右三为林兆明夫妇）

1980年，林兆明夫妇在澳门祖居与母亲和十弟（左一）合影

母亲和父亲已在天国重聚，林兆明放下心头的牵挂，把更多的精力放在事业上，也放在对孙辈的照顾和教育上。

后来，长孙深深读书上学，爷爷林兆明就专门负责接送。长孙读培正中学，成了爷爷的校友小学弟，林兆明更加乐了。为了接送方便，他买了辆摩托车，每天"哒哒哒哒"地往来于竹丝岗二横路与培正路之间。

林兆明又仿佛找到年少时在澳门新马路骑马的快意洒脱。

是的，快意洒脱！1986年，林兆明演播神魔志怪小说《济公传》。

小说的主要人物济公，前世是西天金身降龙罗汉，转世投胎到京营节度使李茂春家，原名李修缘，十八岁时双亲相继过世，他后来在杭州灵隐寺出家，拜高僧为师，法号道寺。他不喜欢诵经打坐，不戒酒肉，喜欢大蒜和肉食，语言诙谐，穿着破衣、破帽，手摇破扇，行事不同于常人。他的师父圆寂之后，济公转到净慈寺。他神通广大，法术高强，常常救助百姓，惩治恶霸，被老百姓称为济公活佛。

济公在东南一带游走江湖，惩处豪强恶霸，剪除大盗飞贼，扶危济困，治病救人，简直就是按照人间侠士的模式塑造的独行侠。济公整天说"除了恶人就是做善事"。他的口头禅是"这件事，我和尚岂有不管之理"。他带着一班侠客弟子，"专管人间不平事，剪恶安良乐陶陶"。

侠客的人格理想完全成了这位罗汉的价值追求。

《济公传》虽然也是神魔志怪小说，但济公不同于神话小说《西游记》中的任何一个形象，林兆明用喜剧色彩来塑造济公这个角色，嬉笑怒骂，酣畅淋漓。让济公在嬉笑声中，说出含有深意的人生哲学。

林兆明在演播笔记中写道——

《济公传》是一部哲学道理高深的作品，并不是一般的笑话。济公性格的主要特征是癫狂，外表不修边幅，行为不守规范，语言嬉笑怒骂，他貌似游戏人生，玩世不恭，其实却有鲜明的爱憎，能扶危济困，惩恶扬善。他的癫狂，从艺术典型上讲，有着多方面的作用：其一，作为不平事的救赎者，其癫狂的性格，正是自身安全的保护色。不论他是真癫还是诈傻，这种性格为他的敢作敢为打下了一个基础。其二，癫狂也是一种斗争的特殊手段，可以大快人心。广亮火烧大碑楼，想置济公于死地，济公竟用一泡尿，淋了广亮一头，将火淋熄了。其三，济公的癫狂其实是他神魔性的一种表现形态。他貌似肉体凡胎，实际上却是一种"知觉罗汉"。只要用手一拍天灵盖，就可以透出佛光、灵光，威慑一切妖孽。他随心所欲，消形遁迹，未卜先知，不受时空所限，也非凡人所能及。

济公的癫狂，正是他异于常人之处。故此，林兆明用一种似癫非癫的声音状态来塑造他的形象，似乎不清醒，实际上却非常清醒。

林兆明演播的《济公传》劝善惩恶，却并无说教的痕迹。故事有天堂、人间、地狱，集神魔、武侠、公案小说于一炉，说的其实是市民生活，符合一般老百姓的审美需求，雅俗共赏。

林兆明在嬉笑怒骂中，表现了济公惩恶扬善的思想，展现出济公无穷的法力与慈悲济世之心。

这在现实中虽然难以实现，但这是林兆明和济公的共同理想。像顽童的恶作剧一般，济公的斗争贯穿喜剧色彩，不但要结束人世间的种种悲剧，还要将悲剧变成喜剧；他不但要为被压迫者报仇雪恨，还要让压迫者出丑，使旁观者哄堂大笑才罢休。济公守住一个信条：放下屠刀，立地成佛。济公身上，既体现了平凡的人性，又体现了非凡的神性，是平庸与崇高的结合。这种结合对听众来说，产生了恒久的亲和力。

第二十三节 "长似剑随予"

斗柄归拳握，

烟云任卷舒，

不因情冷暖，

长似剑随予。

林兆明家中挂着的这幅字画，是他父亲林景云年经时为好友黄文宽所题，字由岭南印坛一代宗师黄文宽所写。这是他们当年同为律师，怀抱一腔为国为民壮志，情谊深厚的写照。

黄文宽待林兆明如亲子，关怀教导，无微不至。作为长者，作为林兆明父亲生前的挚友，他对林兆明的成长起了举足轻重的作用。他博学多才，精通法律、文史、诗词、书法、篆刻、文物、考古等均有造诣。著有《岭南小雅集》《历代纪事诗选》《鬼谷子本义》和《澳门史钩沉》等研究专著。

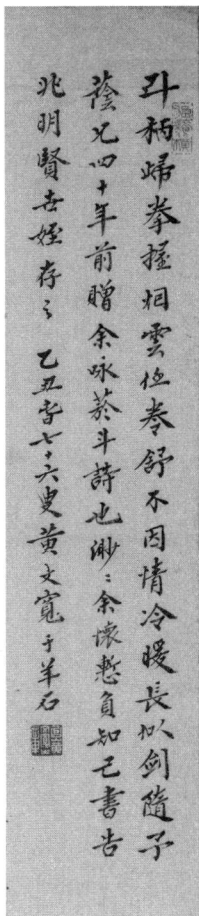

黄文宽书法

80年代末，也许黄文宽已感觉自己时日不多，把这幅字送给林兆明，饶有深意。

他晚年病重，林兆明常去医院探望。

1989年7月的一天，林兆明又来到黄文宽病床前。当时他还很精神，谈笑风生。林兆明说：

"世伯，您一定要长命百岁！我不可以没有像您这样，能时常指教我，当面批评我的难得的世伯啊！"

黄文宽哈哈大笑："你现在是名流了，谁还敢批评你林兆明啊！"

看到世伯还能开玩笑，林兆明就放心地离开了医院。

没想到，刚回到家中，林兆明却接到黄文宽家人报告的噩耗。1989年7月22日，林兆明最敬重的黄世伯永远地离开了。

那天，林兆明对着那幅字久久地呆坐着。

好一句"长似剑随予"——我是你身边的一柄长剑，随时与君相伴左右，随时为君扬眉出鞘。

林景云与黄文宽情谊，伟岸如山，雄风飒飒！

黄世伯于自己的情谊，亦友、亦师、亦父！

林兆明此时年届六十，儿孙绕膝，黄世伯过世，他仍有如失去父亲般的沉痛。

他也把黄世伯对自己的殷殷寄语一字一句记在心里：不管年纪大小，不管名位高低，做人、做事都要无愧于心。他也时常以此教导三个子女，做事要勤勤恳恳，做人要清清白白。

　　林兆明自小喜欢体育，骑马、游泳、西洋拳都是他的锻炼保留项目．他也一向喜欢足球，每过一段时间就要去赛场看比赛。

　　2C世纪80年代，"为国争光"成为时代的集体意识。以体育项目带动起"冲出亚洲，走向世界"的爱国热潮，推动各行业、各领域昂扬奋进。由广东艺术界明星与体育界名将组合的"呐喊足球队"，经常活跃于广东地区，热爱体育的林兆明理所当然成为"主力"队员。越秀山体育场、东较场体育场等都留下了"呐喊足球队"的汗水和身影。

　　球场上，担任前锋的林兆明奋勇当先，左冲右突，与荣志行等足球名将一起抢球、过人、射门……

　　进了！

"呐喊足球队"合影

呐喊足球队海报

林兆明为"呐喊足球队"射入一球!

场上、场下一阵欢呼。

身材瘦长、体态灵活的林兆明受到鼓舞,场上反应更加积极。

又进一球!

球场内外,球迷们、戏迷们、古迷们和足球名将、艺术明星们的掌声、欢呼声汇合成一片欢乐的海洋。大家都在为广东足球、中国足球加油。

"承蒙关照,承蒙关照!走,我们喝两杯去!"

赛后,林兆明和几位足球名将成为了好朋友,他与容志行聊得特别投契。后来,两人也时不时约着小酌一下,容志行特别能喝啤酒,特别爱聊天,林兆明虽然酒量不如他,却特别享受这种放开怀抱、酣畅淋漓的感觉。

艺术与体育是相通的,当年,林兆明设计《七十二家房客》中"369"走路的形态,就是从踢足球的几个动作中获取了灵感。

往事如烟,世事如尘,唯友情最珍贵。

林兆明和粤剧名角文觉非认识多年,在60年代初期,他们互相慕名,彼此尊重。

"文革"期间，文觉非受批斗，林兆明被关押。

有一次，文觉非到广东省话剧团开会。他看到林兆明背着扫把站在门口，知道林兆明也在挨斗，就向他使个眼色，悄悄传递出那个年月最珍贵的信息：同情，还有打气。

曾经，文觉非忍受不住压力，要跳楼寻短见，没有成功，脚却摔断了。林兆明和他一同在英德茶场五七干校渡过了艰难的岁月。

有一次，林兆明看到周围没有人就过去安慰他："七叔，你一定要咬紧牙关顶着，他们想把你整死，你一定不能够死啊！"

生与死，有时候只是一念之差，扛过去了就是完全不一样的人生。

70年代末，文觉非被平反之后，专门跑来请林兆明吃饭。他动情地说："感谢你当时劝住我，不然，我可能又会自寻短见了。"

林兆明说："别傻了，现在，你一定要坚持演，让他们看看你的本事。"

文觉非年轻时在新加坡演粤剧成名，年约二十六七岁，被称为东南亚的"四大天王"之一。和林兆明一样，文觉非50年代回到广州，投身新中国的艺术事业。他戏路宽广，从他专工文武生行当到后来丑生的转变更受欢迎，以演《借靴》中贾二、《拉郎配》中董代、《山乡风云》

中斩尾蛇、《打铜锣》中蔡九等著称。1957年底，文觉非和白驹荣、谭玉真等合作首演《拉郎配》，成为粤剧艺坛的盛事。他在珠江粤剧团担任正印丑生。后来，他在广东粤剧院历任团长、艺术指导、艺术顾问等职。

让林兆明特别欣赏的是，文觉非善于吸收、借鉴其他剧种以及话剧、电影等的表演艺术手法，且自成一派。他在电影《七十二家房客》中扮演的太子炳，给林兆明留下了难忘的记忆。

1997年，文觉非病逝了。

这一年，"最佳拍档"张悦楷也离他而去，

林兆明说，自己有好几位一生难求的知己，而可以称得上艺术上知己的，非张悦楷莫属。

他们的文化修养和话剧表演经验旗鼓相当，人生经历都同样丰富。幽默的内涵是什么，起承转合的节点在哪里，夸张的程度应该去到哪里，他们看法比较一致，能产生许多共鸣，因而合作默契，经年累月，他们成了最佳拍档。

90年代后期，张悦楷的身体一天天变差。1996年前后，他病得越来越重。1997年春节，年三十晚，林兆明正准备提早一些去张悦楷家里拜年。没想到，刚打开门，就看到他已经站在自家门口，正准备按门铃了。当时，他们心照不宣，两人眼泪盈眶，什么话也无须多说了！他们抱着对方的肩膀，互相拍了几下，心里都明白，这是他们最后一次相互拜乞了。

原广东电台城市之声副总监何江平，曾经多次为这对"最佳拍栏"策划在电台的活动。张悦楷离世后没多久，专门撰文《明兄忆楷哥》，记录林兆明和张悦楷的情谊——

张悦楷和林兆明一起在广东省话剧院工作，相知四十多年了。张悦楷把林兆明称为"明兄"，林兆明把张悦楷称为"楷哥"。这楷哥和明兄是一对生死之交的朋友，又是志同道合的艺术挚友。

近日，林兆明接受了笔者的采访。明兄谈起楷哥，禁不住老泪纵横。

明兄和楷哥都是广东话剧界的顶尖级人物。人说一山不能藏二虎，可是明兄说："我和楷哥几十年来从未红过脸。"在广东省话剧院的宿舍，明兄住六楼，楷哥住三楼，两家人亲如兄弟情同手足。不知从哪一年开始，两家人有了一个特别的拜年习惯。每年年三十晚新年钟声一响，明兄就携全家下楼向楷哥拜年。待明兄走后，楷哥随即又携全家上楼向明兄问安。这种特别的拜年习惯几十年如一日，从未间断。

今年的春节是难忘的。年三十晚，楷哥思念着明兄，他拖着虚弱的身体从医院回了家。不等明兄下楼来，他就急着到明兄家拜年来了。两家人虽然也和往常一样有说有笑，但明兄心里在流泪。他知道楷哥将不久于人世了。他默默地祈祷："楷哥啊楷哥，你不要走得那么快，我们还要互相拜年，直到永远……"

"楷哥为人正直，处处为人着想，对上从不阿谀奉承，对朋友却是有情有义。"有一段时间明兄因病住院。一出院，楷哥就上楼来了，他握着林兆明的手说："明兄，要保重啊！"

这些内容细节，林兆明自己在后来的电台节目或报纸采访中曾多次提及。

那一年春节过了没几天，他们有个老朋友生日，约他们一起去参加宴会。宴会中，在座的客人见到林兆明、张悦楷来了，掌声雷动，一定要请他们表演一段相声。林兆明怕他体力不够，支撑不住，就悄悄说："你别上去了，就让我去应付吧！"

但是张悦楷不肯，硬撑着和林兆明说了一段相声，林兆明知道，其实那时他的病痛已经让他非常辛苦，他这是不想让老朋友扫兴啊。

想不到，这成了林兆明和他说的最后一段相声，也是林兆明和张悦楷的最后一次合作。

在张悦楷病重之际，林兆明前去探望。在病床上，张悦楷又一次更紧地握住林兆明的手说："明兄，要保重啊！"

这句语重深长的话竟也成了张悦楷的临终嘱咐。说起这件事，林兆明特别动情："几十年的朋友了，就留下这句话……"

没过几天，张悦楷去世了。

每次经过张悦楷家门口，看到他亲手做的木信箱，睹物思人，林兆明禁不住又流下眼泪。

林兆明（右二）、张悦楷（左二）和时任原广东电台文艺部文学组组长何江平（左一）

正所谓宠辱不惊，看庭前花开花落。患难之交不一定形影不离，但一定是心心相惜。

林兆明、张悦楷这对双剑合璧的诙谐拍档，自二十世纪八九十年代起就在粤语艺术舞台上叱咤风云。林兆明这样描述两人的情谊："艺术上，我们配合默契，是最佳拍

20世纪90年代初，林兆明和张悦楷、梁锦辉、李伟英、颜志图等一众讲古名家参加原广东电台文艺部在广州白云山双溪别墅举办的"长篇小说连播研讨会"，为文艺广播出谋划策

林兆明在原广东电台的"长篇小说连播研讨会"上发言

档。生活上，我们亲如兄弟，感情深厚。工作上，我们合作无间，互相支持。在'文革'期间，我们互相帮助，是患难之交。"

张悦楷走了，林兆明失去了最佳拍档，失去了一位艺术上的挚友。

20世纪80年代末到90年代中期，林兆明的几位知己好友都相继离他而去。

他没料到，接下来还得承受更大的打击、更大的痛，那是一种要用很长时间才能化开的疼痛。

第二十四节　相濡以沫

"语不惊人誓不休，艺术要有强烈的魅力方可惊人，但惊人不是靠哗众取宠，朴素也能惊人。创意任何人都有，但没有深厚的技法根底，任何创意都发挥不出来。"

这是陈衍宁——一位享誉欧美的中国油画家对艺术的精到总结。这也是他与林兆明艺术观点的共鸣之处。

1979年，机缘巧合，刚刚摆脱"文革"藩篱的林兆明夫妇认识了这位广州本土画家，他们对艺术的执着、他们的风骨与精神打动了陈衍宁，大家成为了好友。陈衍宁的

陈衍宁画作：《林兆明像》《麦庆生像》

弟弟陈衍洲，也在广东省话剧团广州话队担任演员，是林兆明的学生。经过一个多月的创作，出自陈衍宁这位油画名家之手的《林兆明像》和《麦庆生像》完成了。

画像上的林兆明，戴着眼镜，身穿中山装，正襟危坐，不苟言笑的神态掩盖不了眼神里的激情。麦庆生则面带微笑，作品色调和谐优雅，产生了丰富的色彩效果，当中迷人的轮廓线和结构美，使人为之叫绝。

这位40年代出生于广州、60年代毕业于广州美术学院的油画家，1971年至1985年先后在广东省文艺创作室、广东画院从事创作。1986年留学美国，1988年毕业于美国俄克拉荷马市立大学艺术系，留校任教。1987年与1989年，他在纽约举办了两次个人画展。1991年，陈衍宁荣获英国艺术家协会肖像比赛大奖，半年间，请求陈衍宁画肖像的名单排至四十多位。作为美国肖像画中心的专属画家，陈衍宁已接受过美国、英国及其他国家许多杰出人物的委托绘制肖像。伊丽莎白女王及其王夫菲利普亲王也指名道姓请陈衍宁进宫造像。

陈衍宁的艺术带着一种表现浪漫主义世界观特征的敏感，正是他对林兆明和麦庆生神韵的洞悉力，通过对光与透视的无懈可击的处理，以及富有想象力的构图，表现了他们这对夫妻精神深处的和谐，告示人们：这是一种坚实完美的审美结合。

这两幅个人肖像画，一直作为林兆明全家人的珍品收藏在家里。

在林兆明的生命中，他的至爱，就是相濡以沫的妻子麦庆生。

林兆明和她一起生活了五十三年，从互相认识到成家，到经历开心的日子、艰难的日子，一起分享过成功的喜悦，一起养儿育女，又一起面对"文革"带来的坎坷。他们可以说是门当户对又志同道合。同甘共苦、感情深厚、相濡以沫……这些词语用在他们身上，都不为过。

曾经，林兆明一家经历了各种苦痛，妻子从来没有抱怨，一直默默地支持着他，支撑着这个家。

后来，日子慢慢好了起来，林兆明家里添置了九寸的黑白电视机，添置了一辆新款摩托车。林兆明知道妻子爱吃水果，每天下了班，都会跑去买一大袋新鲜水果回家，给庆生和孩子们吃。

林兆明爱说笑话，家里时不时笑声四起，邻居的孩子也时常喜欢趴在窗户边，听林伯伯讲的笑话，分享他们一家子的快乐。而庆生总是安静地坐在那里，看着丈夫和孩子们嘻嘻哈哈，她自己也满脸笑容。

林兆明一直觉得，自己个性张扬，庆生却温和忍隐，善解人意。她是一个好妻子，也是一个慈爱的奶奶和外婆。她织毛衣的手艺了得，长孙及外孙的小毛衣、小毛裤、小袜子、小帽子等，都是庆生一针一线编织而成。孙儿们的许多漂亮衣服都是她一手包买的。

麦庆生身体一直不是太好，有高血压和心脏病。林兆明退休后，仍然有各种繁忙的演出和教学活动。1997年以后，林兆明停掉了大部分的演出及教学活动。他希望，多花些时间陪陪庆生，让她多享受几年人生的乐趣。

2001年，原广东电台城市之声借五周年台庆之际，在广州黄花岗剧院举办"天际传情——中国广播语言艺术舞台演绎"活动。时任城市之声总监的吴国庆颇费了一番周折，把南派语言艺术的代表人物林兆明先生请到了现场。活动中，林兆明讲了一段《西游记》，舞台上配有《西游记》情景剧的演绎，观众反响热烈。

演出结束后，吴国庆向林兆明再次表示感谢，并请他一起坐车去吃夜宵。

"不用客气，电台的夜宵我以前吃得多了。70年代初，我到电台录古仔，经常一录就是一整天，一直录到晚上，电台的编辑就送给我两个酥皮面包，很松软很香！"

"林老师，那个年代太艰苦了，今晚我们不吃酥皮包，我们想请您去吃海鲜，请吧请吧！"

"改天吧！我现在要赶去医院陪我的老伴，她住在医院……多谢你们盛情，不过我的老伴情况不太好，我要赶紧去医院了。"

吴国庆突然感到，林老师的声音变得很无力，眼眸里有种尽力要掩饰的难过。吴国庆马上安排车辆，准备送林老师去医院，可是又被林兆明坚决地推辞了。

庆生时常要住院检查治疗，到医院进进出出是常事。

那几年，林兆明尽量抽出时间，陪她到欧洲各地游玩，探望国外的儿女，享受天伦之乐。林兆明还时常和她去澳门游玩散心。

后来，庆生的病越发加重了，林兆明就推掉了所有的演出和教学，专门在家陪着她。他在广州郊外买了一处房子，和庆生搬到那边去住。

与三个孙子合影

1999 年，林兆明夫妇与长子、女儿和二子一家在美国

2000 年，林兆明夫妇在番禺新居

每天，林兆明陪着庆生在沿江的小路上慢慢走着，轻轻说着话，就像五十年前他们初恋时在长堤牵手散步、吟诗聊天一样。

这天，麦庆生对林兆明说：

"我喜欢听你念苏东坡的《江城子》，你再念给我听听吧！"

1996 年，林兆明夫妇与女儿一家在澳大利亚

1995 年，林兆明夫妇与女儿在新西兰旅游

20 世纪 90 年代，林兆明夫妇与众兄妹及家人在澳大利亚旅游

20 世纪 80 年代，林兆明夫妇与家人到中山市返乡寻根

林兆明心里咯噔一下，但又不忍拒绝她，过了好一会，才慢慢地念了出来：

十年生死两茫茫，

不思量，自难忘。

千里孤坟，无处话凄凉。

纵使相逢应不识，

尘满面，鬓如霜。

夜来幽梦忽还乡。

小轩窗，正梳妆。

相顾无言，惟有泪千行。

……

他念不下去了，眼里满是泪水。

林兆明清楚地记得，2002年的那一天，澳门。

她说，二儿子阿强的生日就快到了，想买份生日礼物给他。他们就一起去商店选礼物。

回到家里，麦庆生放好给儿子准备的生日礼物，觉得自己很累，要去稍微睡一下。

她低声说了一句：

"我好累呀，想休息一下，你不要叫醒我呐！"

她就这么睡了，睡得好沉。

没想到，她再也没有醒过来。

等林兆明发现的时候，他放声大哭起来！

庆生啊，你怎么就这么离我而去？

你为什么总是把想做的事这么急着一起做完？从不让自己歇一歇？

我知道，你真是太累了，太累了，都怪我啊！

庆生啊，你好好休息吧，我不叫醒你了！

他们从初恋到结婚，之后成家立业，生儿育女，一直和谐相处，相依相偎。

林兆明人生坎坷，大起大落，却始终健康平安，始终无愧于内心，元愧于荣耀。这一切，都离不开妻子麦庆生的付出与支持。2002年，麦庆生因高血压、心肌梗死辞别了人世，当时她才六十九岁。

麦庆生比林兆明小四岁，想不到她却比自己早走，林兆明几乎崩溃了。

这段时间，一向乐观坚强的林兆明，变得沉默寡言，郁郁不乐，陷入一种前所未有的孤独当中。

他整天把自己关在房间里面，呆坐在庆生的油画像前，一坐就是一两天。他不愿理睬任何人，甚至家人走近跟前，林兆明也不愿和他们说话，好朋友问候的电话也不想接。

经过了好长一段时间。

林兆明才慢慢走出了孤独，凭着他的硬朗乐观直面各种坎坷波折，继续他的精彩人生。

林兆明与妻子麦庆生共同建立的艺术之家，如今已经儿孙满堂。

他对儿女辈、儿孙辈的教育训导严格与爱护有加，要求孩子们要自重、也要自立；先要学会做人，也要有立足社会的一技之长。

他欣慰地看到，孩子们长大成才，艺术的传家之宝正在发扬光大，得到传承。

然而，当他一个人独处之时，林兆明就特别想听一首歌《当我们还年轻》。

这首歌，陪着他们一起成长，成家立业。

他说，真的很想她。

第二十五节　一嘴纵横

林兆明年届七十之时，由于最佳拍档张悦楷离世，他没再说相声。

随后，妻子身体不好，为了陪伴妻子养病，他有很长一段时间没有再讲古。后来，麦庆生病逝，让他几乎失去了生活的信心，沉重的心灵之痛，让他封闭着自己。

痛苦的时光往往都是漫长的，痛苦的滋味都得由林兆明自己一点一点去咀嚼、去消化。

早在母亲身体尚好的时候，女儿林端就申请了父母出国定居。但林兆明却不愿久留，他觉得，一来语言不通，二来出入都要女儿开车接送，三来自己的艺术天地是在国内。因此，小住了一段时间，他就和妻子回国了。后来，林端一家也从国外迁回广州，以便多一些时间陪伴父母。

母亲去世后，为了帮助父亲走出忧郁，女儿在番禺买了另一套房，让父亲搬来同住。

在逸心园，林兆明可以每天游泳，可以在阳台遥看飞翔的白鹤，可以在江边散步……

有了女儿在身边嘘寒问暖，听着小外孙曾汉林每天叮叮咚咚的习琴声，林兆明心里慢慢暖了起来。

一天，电台编辑唐同炎打来电话。

"喂，林老师，我是小唐，唐同炎，记得我吗？"

"记得，小唐，我记得。"

"我们下周准备请您到电台直播室，和主持人一起做个节目，到时我们派车去接您过来，也和听众聊聊天，好吗？"

唐同炎，原广东电台文艺部的文学编辑，当时在城市之声当编辑，他说话快人快语，爽朗乐天。林兆明似乎是身不由己地被带到无法拒绝的境地：

"哦……那，那好吧。"他答应了。

似乎是被一种外力推着、拉着，实际上，谁能说他的内心不也在呼应着、期待着破冰呢？

2002年7月7日，广东电台城市之声直播室，主持人胡延滨正在主持《新文化追击》节目。

好长时间没有和电台的朋友们见面了，好长时间没有和听众朋友们见面了，重新面对麦克风的林兆明一下子感到有点恍惚，有一点激动，但是很快就找回了感觉，开始流畅地谈起自己对艺术的看法与感受。

胡延滨问："林老师，您的听迷们都很想知道您的近况，很想知道，您为什么这么长时间没有出来表演？"

这一问，似乎是触碰到了他长久以来，连自己都不敢触碰的痛点。面对一张张关切的面孔，林兆明终于忍不住真情流露。

他讲述了自己与爱妻麦庆生同甘共苦的种种经历，以及在妻子病重的最后几年，自己陪伴着她的种种情景。大家终于明白他封麦多年的原因。

采访结束后，唐同炎劝说道："林老师，请您不要这样难为自己，不要这样糟蹋自己，您作为一代名家，不应该就这样告别古坛，听众朋友都不愿意看到您这么低落、难过，希望您能够振作起来！"

唐同炎说出了众多听众想说的话。

这次公开露面之后，广州好几家报纸都登载了对林兆明的采访报道《讲古大师抚今追昔忆故人》《林兆明泪撒直播室》《讲古大师林兆明再进直播室》等等。

过了一段时间，唐同炎又上门来和林兆明商量："之前您都是播讲古典长篇小说，现在，我们想请您尝试一下播讲现代小说，如果您觉得把握不足，您可以录一个篇幅短一点的故事，希望您考虑一下。"

不少朋友和听众都致电问候林兆明，让他非常感动。他觉得不应该继续封闭自己，决定尝试重新开麦讲古。

他先选录了一个只有十三集的小说《大闹广昌隆》。

开麦了！很多听众重新听到了他那熟悉的声音。大家惊喜地听到，林兆明把一个类似杜十娘怒沉百宝箱的民间故事讲得这么吸引人，既有非常浓郁的广府风情画色彩，又是一个十足的清代悬疑奇案。

《大闹广昌隆》是广东作家刘逸生的作品，源于发生在广州清末的一个民间传说。贫寒孤女廖小乔被卖到广州天香寨，当了红牌阿姑之后，被负心郎赵怀安骗走所有的钱财，还用她的钱开了一间杂货铺，叫作"广昌隆"。小乔在房东陈老板的仗义帮助下，用掉包计，与病重去世的孪生妹妹互换身份，引来贪财的负心郎上当，被吓得命丧黄泉、大仇得报的故事。

"木棉花发几支红，离合悲欢事不穷。今日新添情塌史，且听大闹广昌隆。"

这是一个广州本土的故事，林兆明加入了很多地方特色的细节。例如下面这段广州老城风味小食的描述，林兆明觉得，用广府式的叫卖腔调来演绎，会让故事更加吸引，在悬疑情节当中，让人觉得更真实可信。

广州的夜市十分兴旺，很有特点；在长堤一带，远远未到夜市，就见人头涌涌，叫卖之声在几里外就可以听到：叉烧包，豆沙角，莲蓉酥，生肉包，芝麻糊，杏仁茶，绿豆沙，红豆粥，豆腐花，猪肠粉，及第粥，鱼生粥，鱼片粥，咸煎饼，油炸鬼，牛腩粉，云吞面，双皮奶，姜撞奶，酿鲮鱼，佛山猪手，石歧杏仁饼，顺德炒牛河，还有香喷喷的猪脚煲姜，淮山杞子炖水鱼，还有一分钱就有交易的飞机榄，和顺榄，啵啵脆的南乳花生肉……

录制这段内容的时候，林兆明中气十足，他用自己独到的、富有韵味的声音语言，把广州夜市丰富的美食、热闹的氛围、浓郁的风情，一下子全部展现在人们眼前，让人为之惊叹!

他平仄分明、顿挫有力的粤语讲古，在老广州的记忆深处勾起了很多远去的生活图景，包括西关大屋之间错落的麻石街道，城隍庙周围热闹的各种小食档，十三行那边密密麻麻的商贾银铺等等。

这个故事曾经被写成粤剧，戏班广为传唱，后来也被香港的编剧和导演改头换面，拍成电影。林兆明封麦多年后，在2005年重新开麦演播的就是这部小说，这也是林兆明对老朋友刘逸生的一次致敬。

他接着又录了《孙中山传》《世纪情怀：张学良全传》等等，之后就一发不可收拾。

每到周末，林兆明手牵着小外孙汉林，和女儿女婿到广州不同的新老酒楼餐厅喝茶、吃饭。然后再回东山，到省话剧团宿舍的老房子里住上一晚。

在这住了几十年的老房子，吃一顿儿子、儿媳做的饭，又逛到大院里，和碰到的老同事、老朋友聊聊天……这段惬意的日子，让林兆明重新找回了那个乐观、好胜的自我。

经历了一段时间的沉寂之后，林兆明重新站了起来，开始了在电台录制长篇小说连播的第二个阶段。

林兆明讲古，有自己独特的艺术追求，每创作一部演播作品，他都要求自己在艺术上有突破或者创新。他播讲的古典历史长篇，要么上天揽月，活泼脱跳，穷尽无法无天的神魔百态；要么沉雄深广，演绎中华千百年来朝代的更替与变迁；要么工于人物个性的细微刻画，展现中国历代帝王传奇，当中不乏委婉动人、至情至性的咏叹。而他播讲的另外五部不属于古典历史范畴的作品——《虾球传》《刑警队长》《大闹广昌隆》《孙中山传》和《世纪情怀：张学良全传》，表现浓郁的粤港两地风土人情，表现扣人心弦的悬疑侦探故事，表现中国近代大革命时代的历史人物传奇等，都极为出色，让听众感觉人物栩栩如生，场面如临其境。林兆明讲古可谓一嘴纵横，宝刀不老。

与广州培正中学的同学、多年挚友黄兆熙（左一）等友人在家中合影

林兆明
古迷见面会

2005 年古迷会现场访谈

第七章　根深叶茂

晚年林兆明走出孤独的阴影，
坚持创作鸿篇巨作的粤语讲古作品，
在这个过程中，
他感受到一种前所未有的活力被唤醒，
他享受着这种富有创造性的活力。

第二十六节　宝刀不老

城市之声策划的"林兆明再进直播室"，让林兆明重新燃起对讲古的热情，他从《大闹广昌隆》做尝试，播出非常顺利。振作起来的林兆明终于答应，重新开启他的第二段讲古人生。

这个阶段，吴国庆是其作品的策划人，唐同炎是主要编辑，至于选用什么书，林兆明和他们讨论了好长时间。林兆明一直有一个心愿，就是想讲曹操的故事。他希望通过声音塑造，把这个在历史上毁誉参半的一代枭雄呈现给听众。为了寻找合适的读本，唐同炎和他一起花了很长时间，都没能如愿。

于是，他们尝试先从中国近代的历史人物传记入手，把纪实性和故事性结合起来，让林兆明突破原有讲古作品的题材选择。2001年，张学良病逝。2002年，由两位历史研究专家王海晨、胡玉海创作的《世纪情怀：张学良全传》由广东人民出版社出版。经过反复筛选，林兆明决定，就讲《世纪情怀：张学良全传》。

由于原著属于传记文学，不像小说那样本身富有情节

2006 年，演播《世纪情怀：张学良全传》工作照

性与高潮，要把改写为它长篇连播的脚本，难度比小说大
很多。

这个故事一共六十六集，讲述了张学良辉煌而悲壮的
一生。从他的青少年时期一直叙述到他住在台湾、美国的
晚年生活，他追求一统的中国，爱国情怀始终如一。1928
年，张学良在父亲张作霖被炸殒命之后，就任东三省保安
总司令，开始统治东北，后来，他以"东北易帜"的行
动，宣布服从南京国民政府，使日本分裂中国的企图成为
泡影。在民族危亡之际，为停止内战，联共抗日，张学良
与杨虎城一起发动西安事变，促成了第二次国共合作与抗
日民族统一战线的建立。

为了既安排好背景式的历史事件陈述，又渲染出主要

人物的鲜明个性，林兆明按照听觉规律，将《世纪情怀：张学良全传》的上下两集重新整理，调整了结构，使故事文气连贯，更有情节感，人物形象更为丰满。

接连录音了两小时后，林兆明踱出录音间，在走廊里一边喝两口茶，一边和唐同炎聊两句。

他们站在广东电台新建的广播中心大楼十二楼，面对录音棚窗外绿树扶疏、平静如镜的流花湖，林兆明心境畅然，兴致勃勃：

"以史为鉴，以人为鉴，讲讲这些历史风云人物的传记，希望更多人了解他们为什么要做出那样举足轻重的决定，让更多人了解他们当时的想法，我们都要想想，应该怎样去做一个中国人。"他对唐同炎说。

《世纪情怀：张学良全传》涉及的历史事件与历史人物众多，展现了张学良曲折坎坷又极富传奇色彩的人生道路，衰现了张学良探求救国救民出路的纷繁复杂的精神世界。

张学良与赵四小姐有一份旷世情缘，林兆明讲到八十八岁的赵四小姐因病要与张学良做最后诀别那一幕：

6月22日清晨，赵一荻还醒着，但她不能讲话，只能目视着每一位围在床边的亲友们。约在8时45分，老伴张学良坐着轮椅来到床边，张学良伸手握住夫人的手，喊着自己私下对老伴的昵称，无限依恋。赵一荻看着张学良，无法开口说话。9时，医生拔掉了她的氧气管，并注射了镇静剂，赵四小姐昏昏而睡，张学良依然抓着妻子的右手不放。又过了两个多小时，上午11时11分，监视脉搏跳动的仪器显示她已离开人世。牧师带领亲友向上苍祷告。张学良此时还一直握着妻子的手，就这样又握了将近一个小时，才在众人的劝说下回到家中。

林兆明实在控制不住情绪，他无法继续录下去。

这段情节，这类似的一幕，让他想起了妻子麦庆生离开时的种种情景！

同样的思念、同样的伤感，令他心潮起伏，忍不住在录播室流下热泪千行。

林兆明把强烈的情感带入了故事的演绎之中，讲得声泪俱下，非常动情。

2005年，为了让更多的古迷近距离了解林兆明的近况，在长篇连播《世纪情怀：张学良全传》即将播出之际，城市之声策划了一个林兆明接受直播专访的活动。

随后，城市之声在北京路广场举办"林兆明古迷见面会"，被尊称为"明伯"的林兆明在舞台上再次展现了出色的讲古技巧。深厚的表演功力，洪亮的声音，让所有观众为之叹服。

原广东电台向林兆明颁赠了"一代讲古大师，蜚声南粤，万人空巷"的锦旗，这是对林兆明粤语讲古艺术的高度评价。

广州大学城岭南馆，至今展示着关于林兆明播讲《世

2005 年"古迷见面会"上，李伟英、霍沛流等到场祝贺

林兆明接受原广东电台城市之声副总监马国华赠送的锦旗

纪情怀：张学良全传》的介绍："长篇小说《世纪情怀：
张学良全传》是讲古大师林兆明封麦多年后，重新出山的
长篇力作。为了突现精华部分，全面展现时代风云，林大
师将全书重新梳理剪辑，挖掘鲜为人知的历史细节，便于
听众全面了解西安事变与张学良传奇的一生。"

中国国民革命时期的历史是中国近代历史的重要阶
段，这个时期出现了很多重要的历史人物，他们的历史功
绩值得后人为之大书特书。如果要列一个十大风云人物
榜，孙中山、张学良毫无争议地名列前茅。

2006年，孙中山诞辰一百四十周年，也是辛亥革命
九十五周年之际，林兆明酝酿录播《孙中山传》。

原广东电台非常重视、支持这项文化传承工程，连续
三年从台里每年拨出一定额度的经费，专门用于录制林兆
明的演播作品。

年近八旬的林兆明，虽然腰腿不怎么好，但是，他不
想让听众只是不断重复地听他播讲的"旧故事"。

他对《孙中山传》这部人物传记，倾注了更多感情。

孙中山是林兆明所敬仰的伟人，他们的家乡都是广东
香山。林兆明的外公余达鸿早年和孙中山的大哥孙眉是好
朋友，曾经在国外一起租屋居住，都曾加入同盟会，支持
孙中山的辛亥革命。出于一脉相承的家园情怀，林兆明费
尽心思也要讲好孙中山的人生传奇。

2008年，林兆明播讲的《孙中山》，由张笑天原著，

为准备录制《孙中山传》，林兆明和原广东电台编辑唐同炎一起到中山市走访孙中山故居

林兆明演播《孙中山传》工作照

以丰富的史料为基础，记录了孙中山的生活和他开创的时代伟业。他原来是一个"贫困农家子"，在黑暗中探索，从"医人"到"医国"，创建革命组织，创建中国同盟会，推翻晚清政府，结束封建帝制，建立共和体制、建立中国国民党，创建黄埔军校和中山大学，到与宋庆龄的结合等等故事。

林兆明一共播讲了九十二集，讲述了孙中山领导的辛亥革命结束了中国最后一个封建王朝的统治，开创了一个民国革命的新时代。

有了《世纪情怀：张学良全传》的演播经验，这一部故事的讲述就更加得心应手了，但依然要重新编排才能开录。林兆明认为，播讲伟人的故事必须把大事件与个人情怀结合一起，才能让听众感同身受，才能好听。由此，他花了很多时间和精力，把故事写得更加引人入胜。

故事叙述孙中山和宋庆龄的婚姻富有传奇色彩，本来两个家庭相差万里，风水马牛不相及，难以姻缘攀亲。孙中山这个穷苦的乡下青年，凭着自我奋斗，从一个普通的医生成长为一个创建民国的伟人。生活在上海的富商望族千金宋庆龄，与他一见钟情，爱上了这个穷书生。宋庆龄冲破家庭的阻力，与孙中山结婚，婚后，宋庆龄并没有脱离工作，她一直担任着孙中山秘书的工作。几十年风雨兼程，却恩爱如初。

林兆明在作品处理中，浓墨重彩地讲述了这段故事，突出了故事主人公的人情美和人性美。

在年届八十的高龄，要完成编写、演播、录音的工作，没有良好的体魄和精力，是绝对承受不了的。林兆明时常一坐就是几个小时，完全投入在写作当中，几乎忘了外面的世界。经常写到手都肿了，废纸篓上总是有一大堆写干了墨水的笔。腰酸了，腿疼了，就站起来伸个懒腰，又继续埋头写。幸好，他从小就有游泳和洗冷水澡的习惯。为了保持良好的状态，林兆明坚持每天游泳，上午在家写演播稿，下午到电台录音三小时，本来电台编辑给他安排了晚饭，他却怕麻烦别人，坚持每次一录完音就回家。

晚上，他又接着准备第二天要录的作品。

虽然忙碌，但是，每天因有工作的热情充盈他的整个身体，从大脑到声音，以及四肢，都处于活跃而规律的运动状态，林兆明感觉到一种前所未有的活力被唤醒，他享受着这种富有创造性的活力。

《世纪情怀：张学良全传》原声　　　《明朝那些事儿》原声

第二十七节　鸿篇巨制

　　人生如戏，每个段落都有它的起始、发生、高潮与结尾，林兆明讲古的第二阶段也如一幕大戏，而《大闹广昌隆》《张学良全传》和《孙中山传》，都是接下来这部鸿篇巨著的铺垫。

　　林兆明对历史小说情有独钟，在播讲《东周列国志》之后，时隔将近三十年，2009年，林兆明又播讲了另一个历史长篇《明朝那些事儿》。这两部作品在内容、风格、播讲手法上，都各有不同。

　　这是一部用现代人的口吻讲述明史的大型长篇。2006年3月，网络上热传着一部连载的历史小说《明朝那些事儿》。作者当年明月用网络语言讲述明朝三百多年的历史故事和人物，每月点击率超过百万人次，后集结成书籍刊行，一共有七本。

　　在播讲上，林兆明用幽默风趣的风格，让一个个遥远、模糊的历史人物变得鲜活起来，把历史变成一部活生生的生活故事。

　　这部网络小说对明朝十七帝以及其他王公权贵同小人

录播《明朝那些事儿》工作照

林兆明和他的说书讲稿

2012 年 3 月 28 日，林兆明录制《明朝那些事儿》后，与录音师陈文丹（左二）等工作人员合影

物的命运进行全景展示，尤其对官场政治、战争、帝王心术着墨最多，还加入对当时政治经济制度、人伦道德的演义，为读者解读了历史中的另一面。

本来，年事已高的林兆明，在演艺界德高望重，硕果累累，大可安享儿孙福，静享晚年福了，然而，他却接受了播讲《明朝那些事儿》的挑战。林兆明知道，自己这一生是离不开艺术的。

老朋友缪燕飞来劝他："明哥，你都这把年纪了，还啃这么长的一部巨头作品！你不要命啦？"

林兆明笑答："我还有精力和时间，既然答应了人家，就应该好好地完成。"

林兆明对历史小说情有独钟，他明白一来自己的声音洪亮厚实，比较适合演绎历史人物；二来自己是演话剧出身，擅长用话剧角色的手法塑造不同的声音形象

《明朝那些事儿》从朱元璋的出身开始讲起，到永乐大帝夺位的靖难之役结束为止，叙述了明朝最艰苦卓绝的开国过程。小说描述了中国历史上赫赫有名的永乐大帝事迹——挥军北上五征蒙古，郑和七下西洋，修著《永乐大典》，南下讨平安南。再从明英宗的夺门之变后讲起，讲述了忠奸不分的朱祁镇听信谗言，杀害大功臣于谦，而在他病逝之后，相继继位的宪宗懦弱不堪，无所作为，而孝宗，则心怀天下，力争求良，但随着明武宗朱厚照即位，各种荒诞事情层出不穷。随后，嘉靖皇帝借议礼之争清

除了一批前朝旧臣，总揽大权。此后，他生活日渐腐化，一心想得道成仙，国家大事抛诸脑后，奸相严嵩因此得以长期把持大权。东南沿海的倭寇同北方的蒙古成为明朝的心腹大患，故事详细讲述了戚继光抗击倭寇的传奇事迹。严嵩倒台后，徐阶、高拱、张居正三人你方唱罢我登场，他们都为中兴朝廷呕心沥血，同样又都为铲除异己心狠手辣。

故事也讲述了李如松、李舜臣、邓子龙等英雄人物在援朝抗日战争，运筹神鬼莫测的形象。当中还包含了晚明的党争，魏忠贤的兴起及袁崇焕的奋战。此后，大明的动乱开始，陕西等地爆发了各路义军，明朝最后一位皇帝崇祯终于退出了历史舞台。

明朝是一个充满矛盾又非常精彩的年代。不过，历史的精彩，未必能写成精彩的历史，更加未必能讲得精彩。

林兆明读过的许多历史书都是严肃的，难以被非历史专业出身的普通百姓接受。林兆明在演播《明朝那些事儿》的时候，开宗明义说自己就是讲给草根老百姓听的，就应该是幽默有趣的，精彩地用大白话来说。

林兆明对当今听众的收听取向进行了分析，发现现在的老百姓文化程度虽然普遍有所提高，有大学文凭的人不少，但是，并不是每个人都有历史专业的知识，确实需要说书人下足功夫。

想要把历史说得精彩，讲得明白，并且让老百姓有追着听下去的兴趣，必须解决几个难点。首先，历史书通常会带着不少名词，很难让一般人消化。譬如明朝的将军与总兵官，去翻下《明史》会发现有一大堆不同的称谓：总兵、提督、提调、巡视、备御、领班、备倭等，容易让人头晕。林兆明在演播《明朝那些事儿》时，把这些官职比喻成军区司令、军分区司令这样的现代说法，十分易解、好记、有趣。

幽默白话之中也要严谨。他在播讲这部长篇的过程中，本着严谨的态度来处理史料。他明白历史书不同于小说，不能戏说，更不能胡说，必须要有相当的基础和认真的态度，两者缺一不可。

林兆明在播讲中还非常注意不厌其烦地交代背景知识，而且讲得很有趣，用老百姓能够听明白的语言，和听众讲讲历史上的那些事儿。

"史料扎实，够浅显易懂，是一部好书呢！"

心中有读者，心中有听众，林兆明找到了自己与当年明月的相通之处，故事的录制渐入佳境。

然而，人生不如意事常八九。

八十岁高龄的林兆明在录制《明朝那些事儿》期间，精力充沛，却突然被眼疾所折磨，差一点不能完成故事的录音。

那天是星期六，电台录音棚休息，他已经录到《明朝那些事儿》第六部了。这段时间忙于录音，好久没有跟老朋友一起聊天了，难得休息，林兆明就约了几个老朋友去茶楼喝茶。

坐车才坐到一半路，林兆明忽然感到右眼看不见了，对着阳光也是一片漆黑，左眼朦朦胧胧的，只能看见一点点。他意识到眼睛的情况不妙，马上转道去中山大学中山眼科中心检查。

医生说，林兆明的视网膜脱落了。

一开始，好几位教授医生都不敢给林兆明动手术，怕年纪大，有风险。有位医生还断言，林兆明的眼睛不太可能修复。后来，经过中山大学附属第一医院肖海鹏教授（现为中山大学附属第一医院院长、党委书记）的介绍，他终于找到一位同意做手术的医生——梁小玲教授。

她为林兆明检查之后，认为林兆明的眼睛情况很严重，既有白内障，又是视网膜脱落，不能耽搁，应尽快动手术。

第二天，可能精神过于激动，林兆明的血压高压忽然升高至220mmHg，血糖也高出正常值。护士长说，林兆明血压太高，不能动手术。但林兆明不依不饶，坚持一定要做手术。梁教授斯文秀气，却胆大又心细，是一位出色的眼科教授。检查后，她当机立断，决定给林兆明手术。不过她也告知林兆明，由于他眼睛的情况比较特殊，不能保证肯定成功，需要观察半年。林兆明非常感激梁教授的帮助。是啊！他盼望着眼睛尽快康复，继续完成《明朝那些事儿》的录制。

几个月后，经过检查，林兆明眼睛的康复并未能达到预期效果。梁教授仁心仁术，果断决定，再次动手术，以加固修复视网膜，保住左眼，然后再动手术修复右眼。

也许老天被林兆明的一份敬业之心感动了。通常这类眼科手术，成功率非常低，加上患者如此高龄，恢复较慢，成功的希望非常渺茫。然而，经过梁教授的不懈努力，加上林兆明的顽强、乐观，以及良好的身体状态，最后一次的手术终于成功了。真是奇迹！林兆明的左眼恢复了40%的视力。原来几乎等于零的右眼视力，也有了轻微的提升。

短短半年时间里，梁教授一连四次为他做了难度极高的眼科手术。林兆明感到自己很幸运！

通常普通人在短短的半年时间里，经历了四次手术，都会大伤元气，别说是老年人了！然而，八十多岁的林兆明，凭着对艺术的热爱，凭着过人的毅力，经历了半年以来多次手术的痛苦，经历了漫长的等待与期待、失望与焦虑……他倔强地重新拿起笔，依靠微弱的视力，继续写作和演播，完成了三百多回的改编写作，并完成了鸿篇巨制《明朝那些事儿》的录音。

2009年10月，中国广播电视协会授予林兆明第十一届全国"小说连播演播艺术家"的称号。

荣誉面前，林兆明说："到了我这个年纪，名与利看得比较淡。我更看重的是晚年应该活得开心，过得有价值、有意义，艺术的追求是无止境的，我愿意，一生与艺术为友。"

他认为，一个国家的历史，绝不单单是属于学术研究的，也是属于每一个普通人的。现在缺少的也不是高端学术，现在特别需要能向老百姓讲述历史的人。自己还可以再做一些事情。

2009年，原广东电台举办了"林兆明古迷见面会暨《明朝那些事儿》启播仪式"。

在舞台上，林兆明用他那宽厚明亮的嗓音，为观众带来了《明朝那些事儿》的

荣获全国小说连播"演播艺术家"证书

在 2009 年"古迷见面会"上讲古

2009 年，林兆明接受原广东电台城市之声总监谭伟颁赠的"讲古大师，艺术典范"牌匾

精彩讲古片段，引来阵阵热烈掌声。

他与主持人现场互动，分享粤语讲古艺术的经验，还现场评点了五位参加《古坛初哥》节目的优胜者表演《明朝那些事儿》的片段。

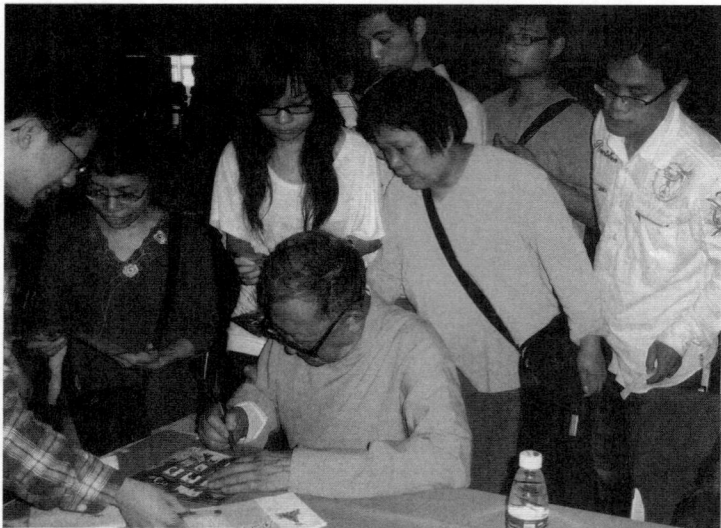

2009 年，在"林兆明古迷见面会暨《明朝那些事儿》启播仪式"上为古迷签名

在一片热烈的掌声中，电台领导向林兆明赠送了"讲古大师，艺术典范"牌匾。十二岁的外孙曾汉林捧着鲜花送给台上的外公，林兆明不禁开怀大笑，他说："艺术传承，后继有人啊！"

林兆明在年逾八十高龄之际，老当益壮，继续为讲古艺术努力耕耘。他花了将近三年时间，克服了严重的眼疾，在2009年成功演播了一部广播史上最长的，具有时尚色彩，有七卷之多、三百九十多回的历史长篇小说《明朝那些事儿》。

林兆明创造了粤语讲古演播史上篇幅最长的历史小说的记录。

第二十八节　帝王传奇

如果把林兆明粤语讲古里的故事串联起来，简直就像是一幅绵长的历史画卷。从神话传说，人类开天辟地开始，一直到当下的生活，中华民族每一个历史时期，许多不同寻常的故事，都被林兆明被搬上粤语讲古的声音舞台。

粤语讲古的故事历来在老百姓当中有难以估量的影响。它们与其他影视剧或戏曲故事一样，是听众了解历史、了解社会的重要途径。

也许是性格所然，也许是自身文化底蕴、生活经历所致，林兆明一直偏爱于播讲历史性强的作品，诸如帝王传奇、一代明君、英雄侠客等。在林兆明讲古旅程的第二阶段，他播讲了两个帝王的传奇故事——《乾隆皇下江南》和《赵匡胤》。

在林兆明的读史印象中，乾隆皇帝是一代明君，他平定三藩，减免税负，奠定立国基础。后来，他整顿吏治，招揽人才，重视满汉文化、允许满汉通婚，开科取士，废除明末苛捐杂税。他还开拓边疆，扩大了中国的版图，他和他的祖父康熙、父亲雍正一起开创了清朝最辉煌的康雍乾盛世，是值得后人景仰的。

林兆明演播的《乾隆皇下江南》共二十二集，叙述了化名为高天赐的乾隆皇帝，微服出访，查寻贤良，兼观景色的一路经历。乾隆所到之处，亲眼见到官吏贪赃枉法，豪强鱼肉乡民，豪杰士士效忠报国。乾隆惩贪官，除恶霸，延揽英雄，极尽大侠所为。其间，乾隆在浙江海宁，与亲生父亲陈阁老、母亲陈夫人相认，至情至性，感动了不少百姓。

乾隆武艺高强，但也数度遇到危难，有难之时，必有英雄解救或神灵护佑，总能逢凶化吉。每到一地，他又广交具有文才武略之士，一时名播江南。

历史上的清高宗乾隆皇帝弘历，确实有六次下江南的记载，在清代小说与民间传说中关于乾隆下江南的故事很多。林兆明所讲的这个《乾隆皇下江南》，不同于2000年初国内电视台热播的电视剧《乾隆微服私访记》，以及同类题材的影视作品。那些并非正史，也有戏说的成分，故事线索较为单纯。

林兆明选用的这个版本是清代著名的侠义小说，原名《圣朝鼎盛万年青》，又名《乾隆巡幸江南记》。他更多地着力于侠义的主线，而少调侃的成分。

他塑造的侠客义士形象贴近民众，成为正义的化身。这实质上是老百姓对心中理想的帝王明君期盼、爱戴的表达。由于有正反面人物与邪恶势力的反衬，乾隆的形象显得较为丰富和饱满。故事中对反面人物和邪恶势力的描述，暴露了清朝盛世下社会的阴暗面，这正是《乾隆皇下江南》与众不同的积极意义所在。

2013年8月2日，在珠江新城的"空中一号"宴会厅高朋满座，林兆明八十五岁的寿宴在女儿的精心筹备中进行。当晚，原广东电台城市之声亦在宴席间举行了《赵匡胤》录播启动仪式。

原广东电台副台长谭天玄和时任城市之声总监谭伟向林兆明敬赠了"讲古泰斗，艺术大师"的牌匾。

原广东电台副台长谭天玄向林兆明敬赠"讲古泰斗，艺术大师"的牌匾

晚会上，林兆明即席为亲朋好友、听众们表演了《赵匡胤》的故事片段。

弟妹们从各地赶来为林兆明八十五岁寿辰贺喜

深厚的讲古功力，惊人的记忆力，中气十足的声音，林兆明不减当年的形象让在场的嘉宾大为惊讶和赞叹，场

向至爱亲朋发表生日感言

内场外掌声不绝。

林兆明的弟弟妹妹们、儿女、一众亲朋好友都来为他祝寿，欢聚一堂。女儿林端即席用钢琴为父亲弹唱了拿手的歌曲，林兆明的曾孙"弹弹"（林逸新）在澳大利亚提前出生，大家都说，"弹弹"真懂事，提前出生来为太公（曾爷爷）祝寿来了。在执信中学读高中的外孙曾汉林，专门录制了自创自弹的钢琴爵士版生日歌送给外公贺寿，场面热闹喜庆。

现场有记者采访林兆明：

"您已经是泰斗级的艺术家，成就无人能及，为什么您还这么执着，还要继续演播新的粤语古仔呢？"

林兆明笑着说："可能是情有独钟吧，我和艺术有缘啊！我这把年纪，名利与地位对我已经不重要了。趁我还有精力，我希望多做一些有价值、有意义的事情，多做一些对粤语讲古艺术、广府文化有帮助的事情！"

寿筵一结束，林兆明立刻马不停蹄地开始了讲古案头工作。他的腰腿已大不如前，但丝毫没有影响他的创作热情，他继续走进录音室，开录六十六集的长篇小说《赵匡胤》。

他播讲的这个版本为田芳芳所著，讲述了宋王朝的开国皇帝赵匡胤一生中最精彩的大事件。赵匡胤出生于洛阳夹马营，年轻时喜爱骑马射箭，胆量过人。投身后汉枢密使郭威幕下，屡立战功，扶助郭威称帝，建立后周，赵匡胤任禁军军官。公元960年，赵匡胤发动陈桥兵变，黄袍加身，代周称帝，建立宋朝，定都开封，在位十六年。在位期间，赵匡胤加强中央集权，提倡文人政治，他结束了安史之乱后两百多年的战乱局面，安抚了人民饱受战争之苦的情绪，他的文治武功，开创了中国的文治盛世。

林兆明播讲的《赵匡胤》，从这位大宋开国皇帝的出生，一直讲到他的意外去世。

在"杯酒释兵权"一段，林兆明把赵匡胤的深谋远虑放在祝酒辞令的细节中表现，手握重兵的亲信将领被解除了兵权。权谋和情谊之间，心狠手辣和忠厚真情之间，温和中藏着机心与抉择，林兆明用多变的语调和节奏，一层一层地拿捏着赵匡胤复杂的内心，浓墨重彩地展现赵匡胤的君王气派。

对于赵匡胤的声音塑造，林兆明下足功夫，表现他在沙场上的勇猛凶狠，而面对多愁善感的绝世佳人花蕊夫人和小周后，则柔情似水。

只有真正经历过人生风浪，才能把世态百味、人生情怀讲述得如此纤毫毕现吧！

在林兆明的讲古档案中，他用豪迈的底气、用雄健的声音塑造了明太祖朱元璋、清高宗乾隆皇弘历、宋太祖赵匡胤这三个不同朝代的盛世帝王形象。

录制《赵匡胤》之时，林兆明八十五岁。这半年之中，他每周到电台录音棚三天，来一次，就连续录三节。

"大丹，你好！今天我又来麻烦你啦！"

熟悉陈文丹的人，都把她亲切地喊做"大丹"。她是广东电台的一级录音师，以制作精细著称。林兆明2005年重新出山讲古以来，几乎所有作品的录音全都由她执掌操控，她从不轻易放过一个错音、懒音。她笑称，自己俨然是林大师的专属录音师。

林兆明每次走进录音棚，坐下，气沉丹田，行腔运气。每一声、每道气，收放自如，时而高亢激越，时而轻吟低诵，有如将军举旗，指挥若定。

如此高龄还在播讲长篇故事，遍及国内外恐怕也找不到第二位了。很多朋友听说林兆明要开录新的长篇小说，都有点担心，怕他顶不住大量案头工作和录音时久坐对腰部带来的劳累，劝他要悠着点。

林兆明笑笑，轻轻说了句："我有把握的，放心吧！我会看着办的。"

他更有规律地控制作息时间，每天坚持游泳、洗冷水浴、练气功。

他有一和很奇妙的感觉，只要踏进广播大楼十二楼的录音棚，他就如骑上骏马，配上好鞍，可以恣意奔驰。

在录制《赵匡胤》期间，林兆明还接受广州市盲人协会的邀请，担任广州市盲人诗歌朗诵比赛的总评委，不辞辛劳为广州一些小学讲古班的同学作表演点评。

2014年1月1日，广州电视台的元旦晚会，林兆明表演小品《西游记——哥哥啊！》，节目通过电波，给广州千家万户的老百姓带来欢笑。

2014年8月，CAI夏季音乐会在广州天河文化馆举行。林兆明与女儿林端、外孙曾汉林三代同台献艺，《新快报》随即做了报道："这场演出展示了这个艺术世家的风范。一段《猪八戒游广州》，令观众久久难忘。"

2014年8月底，广东广播电视台南方生活广播举办广府文化专场演出，林兆明应邀出场。站在阔别多年的文化公园中心

林兆明和女儿林端、外孙曾汉林同台演出

2014年8月30日广府文化节，林兆明在广州文化公园大舞台讲古

大舞台，林兆明宝刀不老，声如洪钟。现场掌声雷动，热情的观众一再请求他返场。

当晚，他兴奋莫名，夜不能寐。

第二十九节　根深叶茂

星河湾逸心园，是林兆明退休以后最喜欢的寓所。妻子离世后，女儿买下星河湾这套公寓，将父亲接来和自己一起住，陪伴父亲一起渡过了十多个年头。

自从广州城东拓以来，洛溪大桥、华南快速干线把广州向东、向南延伸，连接着番禺这个曾经以桑基鱼塘著称的大片区域。越来越多开发商的进驻，使这里成为大批新老广州人的居住地。

下午游泳过后，林兆明常常由女儿陪着，沿着小区的散步道慢慢走一段。

这里有香飘四季的馥郁，这里有何柳堂式《雨打芭蕉》的绕梁余音，这里有冼星海《二月里来》唱出的恬静。

林兆明喜欢逸心园，还因为从这里客厅的落地大玻璃门望出去，是潮涨潮落的珠江河道，日夜流淌不息，林兆明喜欢坐在阳台的藤椅望江，看来回飞翔的白鹤，有时一坐就是半个时辰，似乎在把握着生命的脉搏。

自90年代中期退休，一眨眼，二十多年过去了。本来，退休似乎是意味着一个人该退出历史舞台，不过，林兆明再回过头去看看，自己有不少事情是从退休以后才开始做的。实际上，人们并不太觉得林兆明退休前后的忙碌有什么明显的界线。

80 年代初，林兆明的好朋友、画家黄永玉画了一只硕大的猫头鹰送给他，画面上的猫头鹰一只眼睛睁着，一只眼睛闭着。黄永玉是以画来调侃他，做人做事，都得睁一只眼、闭一只眼，不可太认真。

讽刺漫画家廖冰兄画了一幅《捉鼠图》送给林兆明，画上题有一句话："永

1980 年，黄永玉赠予林兆明画作

1981 年，廖冰兄赠予林兆明画作

不捉鼠，永保乌纱。"廖冰兄其实心知肚明，让林兆明不"捉鼠"，不干事，可能吗？

　　朋友们都很清楚，别看林兆明特别能说笑，而做起实事来，实在是太认真了。

　　从1984年到退休前，林兆明担任广东省话剧院副院长和喜剧团团长的行政职务。这段时间，团里的演出剧目丰富了，全团的演出机会更频繁，也更注重后辈演员人才的发掘、培养、提携。

　　虎艳芬是广东电视台高收视名剧《外来媳妇本地郎》的台柱，当她还是一个十七岁演艺学员的时候，正是林兆明独具慧眼，力排众议，把她招收进喜剧团，一步步把她培养起来。

　　"1983年我在广州话剧团实习了两年，因为我长得矮小，说我没发展前途只能演儿童戏，后来也只能离开了。1985年7月，林老师让我参加面试，把我招进了省话。他是我的恩师。"

　　虎艳芬对面试过程仍记忆犹新：

　　"我首先演了一段小品，是哑剧来的，然后明伯考我说，'你是一个男仔头，正在家做功课，突然来了一只小鸟，于是你跑去撩小鸟玩'……我就临场发挥想象力，假装把家里的东西都弄翻了。"

　　第二天，林兆明就亲自打电话让虎艳芬来排练，虎艳芬正式进入省话。出演《望子成龙》后，林兆明让虎艳芬在另一出戏《三姐妹》里演少女，还参加了喜剧团到香港的演出，一步一步把她的演技挖掘、拓宽。林兆明还悉心培养另一位年轻演员苏志丹。后来，虎艳芬和苏志丹成为剧坛伴侣，双双出演《外来媳妇本地郎》的重要角色。林兆明退休后，苏志丹担任了喜剧团的团长。

在省话，作为一位剧团领导，林兆明留下不少良好的口碑。

"有魄力、有领导才能！"

"光明磊落，为别人着想。"

"没有架子，和我们做幕后的舞台佬打成一片。"

退休前，林兆明事务比较多。退休之后，可以专心去做之前一直想做，却又分不出身做的事，少了一些束缚，反而更忙了。退休头几年，他又是表演相声小品，又是到澳门艺术节演出，并导演话剧，还到广东电台录制连播小说，在广州多家文化宫、文化馆开设粤语艺术训练班、话剧训练班、讲古训练班、相声训练班等等，忙是够忙的，却忙得很开心。

80年代末至90年代初，林兆明和张悦楷的相声表演在广东地区电台、电视台大受欢迎，每周播出一集的《家庭百事通》《万紫千红》以及各类综艺节目都有他们的节目出现。作品内容有围绕左邻右里矛盾的、楼上楼下吵架的，以小见大。每个星期都演一个相声或小品，在《家庭百事通》播出，既有笑料，又有意义，受到大众热捧。

而所有这些，仍不足以与林兆明说书讲古带来的成功感相比。讲古让他获得了话剧表演之外的快乐与满足。

频繁的出镜让林兆明拥有了大批"拥趸"。

一走到街上，他就经常被观众围住。大家亲热地模仿林兆明在《西游记》里面赋予猪八戒的口头禅："哥……哥啊！"而《西游记》是林兆明几十年从艺生涯中影响最大的作品。

北京青年艺术剧团来广州演出《文成公主》，主演者白峰溪是80年代中国剧坛一位有影响的女作家及名演员，曾创作《明月初照人》《风雨故人来》等名剧。她是林兆明的好朋友，有一次他们一起出外，看到热情的观众将林兆明团团围住，白峰溪非常惊讶：

"林兆明，您太牛啦！在北京，能如此受观众欢迎，一定是实力雄厚、作品经得起考验的演员。"

自己的作品可以让观众、听众记着，并流传下去，是所有艺术家的梦想。

广东的媒体、文艺界的专家研究、评价林兆明的艺术作品，认为他最成功的话剧角色是《七十二家房客》的"369"，最巅峰的讲古作品是《西游记》。

林兆明对艺术充满感恩之情。他说："看看国内的许多名演员，演了一辈子戏，能够让观众记住，留给后世的作品，也都不过是两三个戏而已。自己能够有两个代表作让大家记着，满足了，我不枉此生。"

他明白，恐怕以后也很难有如此好的时机，有如此适合自己的角色、适合自己的作品出现了。

作为一代泰斗级的说书艺术大师，林兆明善于把话剧表演的手法与深厚的文学功底结合，塑造了各种独具特色的声音形象，形成了不可复制的林兆明式的粤语讲古艺术。

听他讲的故事，有一种爱憎分明又通达人情、饱经沧桑之后的诙谐，常常让听众会心一笑。他独特的说书讲古艺术，一个个让人百听不厌的故事，征服了无数粤语听众。

林兆明的"讲古"CD专辑，还越过太平洋，到达美国的洛杉矶、旧金山、夏威夷，到达加拿大的温哥华、多伦多，越过印度洋，到达澳大利亚等国家和地区，让海外华侨过足粤语"听古"瘾。

偶尔，林兆明在广州的街头闲逛，在坐出租车回家的路上，或中午或傍晚时分，在某家人家的窗户里，从匆匆走过的行人的随身听里，听到传出自己讲古的声音，他喜悦，他满足，他压力顿生。他琢磨着，怎样才能更精益求精，怎样才能再超越自己？

他已经讲过各种不同的题材。有千奇百怪的神魔故

1993 年，林兆明在家中写作说书演播稿

事，有历史演义，有帝王传奇，有武侠志怪，有现代悬疑侦探故事，有近现代历史人物传记，他创作改编了十多部风格各异的连播作品，改编手稿超过一千万字。

他发现，自己亲身经历的事情其实也具有故事性，有些也是值得告诉孩子们，值得更多的人借鉴和记取的。他还发现，自己生活的这座城市——广州的好些历史掌故非常值得做成连播故事，说给希望了解广州的人们听。

面对这两种新的题材，自己该用怎样的语态去讲？听众已经认同了自己擅长的夸张风格，如果用纪实性的娓娓道来，如果用抒情散文式的演播手法，能和作品内容融合吗？能让听众接受吗？

林兆明在思考，广播电台虽然仍不断播出粤语故事，说书讲古的人也不能说没有，但是，粤语讲古真不如以前受欢迎。也许，今日科技日新月异，互联网进入人们生活的方方面面，大众的娱乐选择越来越多，单一选择听讲古的人确实减少了。

他看到，能够"依书直说"的故事文本几乎是没有的，需要说书讲古的人具备良好的文化功底，具备改编的能力。能力去到哪里，自然决定他的说书讲古水平达到哪里。而又有几人愿意在说书讲古之前做这种寂寞艰苦的工作呢？

林兆明认为，文化传承需要由政府与社会进行全面的统筹与安排。推广粤语讲古文化，首先要有政府相关部门的支持；其次，需要有好的脚本，以及肯钻研的讲古人；

再则需要有大量的宣传配合，还要有市场的需求。他建议，可以安排广州市各区文化宫、文化馆设置讲古场所，推荐优秀的讲古作品，在学校播讲小说，让更多青少年接触讲古艺术。另外，说书人艺术水平的提高也很重要。

对于"林兆明"本身而言，已然根深叶茂了。

但是似乎还有很多事情要做。

林兆明，还是和年轻时那样，始终自信，乐观阔达，硬朗倔强，诙谐幽默。

当然，现在是低调的自信。

好些人都很好奇，林兆明上了年纪，依然中气十足，该是有什么养生之道吧？

林兆明笑说，自己喜欢吃火腿、芝士，还喜欢腊鸭、润肠、肥叉烧。不知道这是否就是所谓的养生之道？

广东人一般都不太能吃辣，但是林兆明却很喜欢辣椒。吃了辣椒，他的声音会更加明亮。

林兆明的弟弟妹妹每次来广州，都会带些像五粮液这样的好酒孝敬长兄。林兆明虽然不会喝酒，但是他却喜欢用这些好酒来泡辣椒。泡过一段时间，打开酒瓶盖，倒些辣椒出来，嗯——哇！隔壁家的邻居经过时，都闻到阵阵酒香。

左邻右舍跟林兆明开玩笑说，见过大少爷浪费，不过从来没见过有大少爷会如此浪费，用几百元一瓶的五粮液来泡辣椒的！哈哈……

林兆明在澳门侨商家族长大，童年生活优裕。他从小养成了中西交融的生活习惯，喜欢喝自己磨的咖啡，喜欢喝沏得很浓的铁观音茶。

他从小喜欢运动，打拳、长跑、骑马、游泳。而游泳是他一直坚持到退休之后的一项运动。

星河湾游泳馆的工作人员经常惊讶地悄悄议论：

"这位老人家一到水里就变得这么生猛（意即生龙活虎），游得这么快，完全看不出来呐！"

2013年，林兆明的眼睛因为眼疾做了多次手术。后来医生提出，游泳时，水压容易产生术后眼睛血管破裂的可能，建议林兆明减少这种运动。林兆明这才没有继续游泳。但是他仍坚持每天洗冷水澡。

这段时间，林兆明的身体出现了各种不和谐的状况，不停地进进出出医院是常有的事。他由衷地感谢在健康上给予自己极大帮助的两位医生：中山大学附属第一医院的肖海鹏院长和广州中医药大学第一附属医院的李信平教授。同时，他的"好胜"，他的沉着，他的坚持，让他做到了、做成了大部分自己想做的事。

一年四季洗冷水浴，保持健康的心态，是林兆明的母亲传给儿女们的习惯和性格。这让林兆明受益良多，平时甚少感冒发烧，心态豁达乐观。

"不管遇到什么困难，都难不倒我。"他总这么对自己说。

回顾过往，林兆明信手写下一首打油诗。后来，这首诗被刊登到广州青年文工团的纪念刊物上：

　　　　饱历风风雨雨，

　　　　曾经黑黑红红，

　　　　做人清清白白，

　　　　本事平平庸庸。

第七章　根深叶茂

2014 年 9 月，林兆明在澳门望海观音像前留影

第八章 "哥哥啊"在听众心中永远回荡

在生命最后两年，
林兆明开启了他说书讲古生涯的第三个阶段，
留下两部珍贵的作品，
他的声音影响了几代广府人的成长。

第三十节　听见广州

2015年5月，八十七岁的林兆明在逸心园开启了他的第三阶段的长篇连播历程。对他来说，这是前所未有的历程。第一个动作是录制访谈式长篇传记《林兆明的艺术人生》，用声音记录他自己的人生传奇和艺术感悟；第二个动作是演播城市文脉故事《广州往事》。

这是广东新闻广播邀请他做的一个大型系列作品，作品的名字是《听见广州》。

林兆明一直想把自己经历的跌宕人生写成书。但是，他也有顾虑，也犹豫了很长时间。好些朋友到家里来探望他，劝他

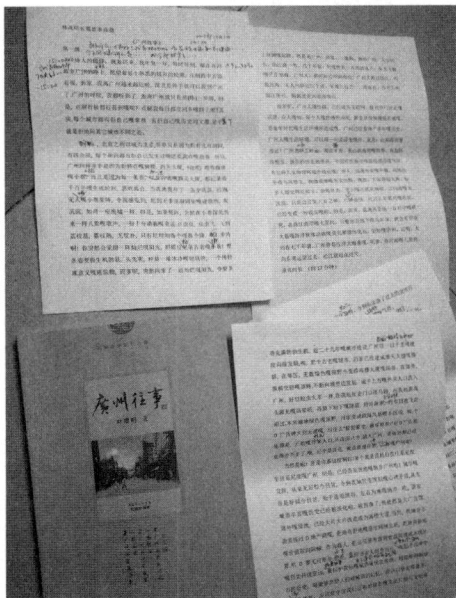

《广州往事》演播稿

一定要写下来。

广州青年会业余剧社的老朋友马方舟劝他：

"你的一生非常传奇，就像莫里哀一样，家境富有，却热爱戏剧，性格又坚强。为了事业付出了许多，你也是这样的辉煌，不要犹豫了，赶紧写下来吧。"

更有朋友对林兆明说："每个人的回忆故事都是一支涓涓细流，汇聚在一起，就成了大海，就是历史的记录。你要把自己的经历、感悟总结下来，这是非常有价值的。"

写自传，这对林兆明来说，是一个浩大的工程，当他这个想法越来越清晰的时候，他的身体状况却已无

2015 年 12 月，林兆明在家中开录最后一个长篇故事连播《听见广州》

2015 年 12 月，广东广播电视台录制小组在林兆明家中录音

法逆转地走下坡路。他年轻时就有腰椎间盘突出的毛病，2015年初摔了几次跤之后，每走一步都得很小心。医生要求他出门坐轮椅，避免摔倒，女儿还请了两个保姆专门照顾他。

身体渐弱的林兆明意识到，自己在和时间赛跑！为了协助父亲准备个人资料，女儿林端推掉了手头的其他工作，时常在逸心园的家里，陪他聊聊天，到江边散散步、喝喝咖啡，并随身带着笔记本，记录下父亲的点滴回忆。

原广东电台于2014年与原广东电视台、原南方电视台整合为广东广播电视台，称作"三台合一"。牌子换了，但广东广播人对于传承本土文化的情怀却更为浓烈、更为真切。

2015年5月，广东新闻广播的总监麦伟平、副总监张蔚妍等几个广播人与林端的想法一拍即合。6月底开始，张蔚妍每周到逸心园和林兆明聊天、采访。根据林端整理的资料，张蔚妍撰写用于节目播出的文本。得到台领导的支持，他们立即开启了广东新闻广播和广播技术中心、珠江经济台等部门之间横向联合的运作模式，每次把调音台、拾音话筒等高配置的录音设备运到林兆明家，把客厅布置成临时录音棚。7月，《林兆明的艺术人生》正式开始录制。

曾经被尘封的历史记忆一旦开启，多少过往的人和事顷刻间涌现心头。

林兆明依然声如洪钟，情绪饱满。

对于家，对于爱人，对于朋友，对于广府文化，对于粤

2015年9月，林兆明与广东新闻广播总监麦伟平商量节目制作事宜

2015年10月9日，林兆明在林端、张蔚妍陪伴下录制广播传记《林兆明的艺术人生》

语语言艺术，林兆明投入了太多的感情，有很多要说的话。

面对话筒，他有点激动：

"各位听众朋友，大家好！我是林兆明。回想几十年坎坷跌宕的人生，有些是难以忘记的，有些是不能忘记的！"

开始了，就这么说——他从祖辈从中山长沙浦到巴拿马当侨工、侨商开始讲起，讲到祖父回澳门创业，讲到自己走上广州求学之路，与艺术结下不解之缘，从此，他没有离开过舞台，演出过近百部粤语话剧的角色，"自讨苦吃"，却无怨无悔，乐在其中。

林兆明回首往事，无比感慨：

"人生好多事情就是这样阴差阳错的。我迷上了演戏。天天排练、演出，不分日夜，觉得这样的日子过得充实，充满理想。我喜欢这个舞台。"

这个广播传记一共三十辑，林兆明还回忆了他不同阶段的演艺生涯。林兆明特别感慨的是，自己虽然八十多岁，任只要案头准备、声音准备充足，就可以开讲，从某种角度讲，讲古是一种可以终生从事的艺术行当，这也是它的魅力所在。

"要讲好故事，必须加深对粤语方言的研究，花工夫挖掘粤语的谚语、粤语的音调、粤语的语言结构。我们讲古的人既要保留粤语的特点，让人听得懂，也要发挥其特长，要做到形象化、通俗化。"

录制这个长篇传记的时候，他的视力越来越差。一个小时下来，腰酸，背痛。他就让女儿在话筒旁专门放一盏台灯，调到最亮，用靠垫顶着腰背，喝一口茶，又继续录下面一节。对于讲古，林兆明有一份无法割舍的情结。

在这个自己的故事中，他以万般柔情回忆了和妻子麦庆生的甜蜜初恋，讲到老伴的离世，他又数度哽咽。林兆明和最佳拍档张悦楷的友情早已在艺坛传为美谈，在录制节目时，他详尽讲述了他们之间的患难真情、他们之间的合作默契。他还讲了对文史专家黄文宽的感恩和敬重。

而对于自己艺术上的收获，怎么说，说多少，林兆明却很有顾虑，经常不安地问编辑：

"我这样讲行吗？我之前讲古都是讲别人的事迹，这次自己讲自己，是头一回，请你帮我把关，千万不要过头。前几天我声音不好，可以的话，就请帮我重录一遍。"

眼神里满是真诚。

11月，大功告成。

林兆明试听之后，感觉满意。

2016年元旦，广东新闻广播、珠江经济广播、城市之声、文体广播等多个频率同日在不同时段开播了大型访谈式长篇传记《林兆明的艺术人生》。

这是一个广播电视团队共同运作的成果。

1月10日，大型广府文化系列活动"听见·广州"启动仪式在人民北路686号的广东广播中心三楼国际会议厅举行。广东广播电视台台长张惠建敲响了启动的响锣。

林兆明坐着轮椅，让大儿子林洛推着，来到舞台当

林兆明参加最后一次公开活动"听见·广州"启动仪式，广东广播电视台台长张惠建等领导为活动敲锣

中。他满面笑容，和新朋友、老朋友们打招呼。前一天，他担心自己精神不够，话说得不顺畅，特意录好一段视频讲话，在活动开头播放出来，他说：

"今天在广播中心三楼，这么多老朋友、新朋友前来，我很高兴。希望我讲的《艺术人生》和《广州往事》能够让大家满意，我相信，有粤语的地方，粤语讲古就不会消失！广东广播电视台邀请我们祖孙三代合作，让我口述记录艺术创作和生活经历，帮助我的外孙汉林这些年轻的音乐人，创作歌曲，见证广州的发展。录制过程中，我非常开心。希望年青一代将广府文化继续传承下去！"

广东广播电视台副台长曾少华向林兆明敬赠了由篆刻家梁晓庄挥就的一幅字——《言为心声》。

林兆明接受广东广播电视台副台长曾少华（右一）赠送墨宝《言为心声》

2016 年 1 月 10 日，林兆明和李伟英（左）在广东广播电视合举办的"听见·广州"活动启动仪式后台

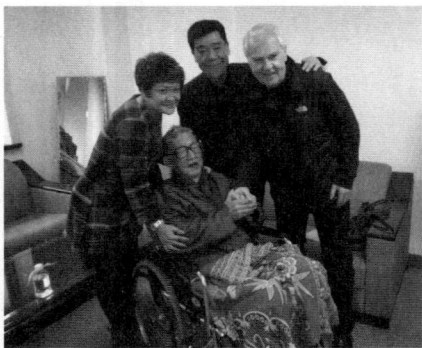

林兆明在"听见·广州"活动现场后台，与学生苏志丹，虎艳芬（左一），外国好友黑森（右一）合影

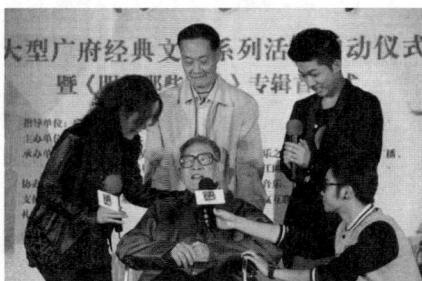

2016 年 1 月，林兆明最后一次出现在舞台上，长子、女儿及外孙陪同

缪燕飞、李伟英、卢海潮、虎艳芬、苏志丹，几位广东当今粤语话剧、粤语讲古的名家，林兆明的同行好友一起走上舞台，共同祝贺他在八十八岁高龄推出两部新作品。

粤语讲古名家、话剧演员李伟英，作为代表上台发言，他在台上吟诵了一首打油诗："原文再续日日新，明伯讲古第一人。起承转合见功力，一声'哥哥'情至真！"李伟英作的这首诗可谓事出有因。早在1975年加入广州市话剧团的李伟英是广州观众非常熟悉的粤语话剧演员，演过话剧《三家巷》的周炳、电视剧《公关小姐》的陈浩，播讲过《绝代双骄》《楚留香》《陆小凤》粤语长篇小说，还主持过"美在花城广告新星大赛"等大型电视综合晚会，获得过诸多业内荣誉。1992年，受林兆明举荐，李伟英应邀加盟香港话剧团，历时三年。现在，李伟英转向幕后，从事电视剧粤语配音的导演和制片人工作。2015年底，得知林兆明推出广播自传，需要找一位粤语旁白。尽管工作繁忙，李伟英仍爽快接受了邀约。他说："只要是明伯的事，我就没有二话。他年近九十还出新作，是我们的楷模！"

李伟英明亮、厚实、深沉的演绎，给作品增色不少。

启动仪式上，十九岁的曾汉林——林兆明的外孙、林端的儿子，与东山少爷等十多位广州本土的粤语歌手一起走上舞台，共同唱起汉林的创作新歌《听见广州》。

年轻的人们把"广州是个好地方"的心声和着流行歌曲的乐韵唱了出来：

这里的历史可以和你细数，

源远流长令人自豪骄傲，

欢迎大家来到广州。

几许变迁，

留下了那故事多厚；

几许冷暖，

迷住了当听见广州；

几许变迁，

期望你永远也优秀；

几许冷暖，

时代里你美丽不朽……

2016年3月8日，林兆明的最新长篇故事连播《广州往事》开播。

这是广州作家叶曙明写的城市文脉故事。

林兆明带给大家一个特别的开头：

"今天要跟大家讲的这个故事是讲广州的历史的，广州有几千年历史。这本书有点特别，不是小说，但也不是历史书。这位作者很年轻，也很厉害，他知道很多我们不知道的事情，我很佩服他。现在我就将他这本书，用尽我的能力，把它讲好，讲给大家听！"

接着，是一段富于画面感的音乐版头：

"开始一次发掘，广州古城的发现之旅；感受一场怀旧，广州古城的记忆盛宴；享受一次品味，广州古城的深度指南。粤语讲古泰斗、著名话剧表演艺术家林兆明对广州古城人文风貌的倾情演绎——《广州往事》第一集《重返广州古城》。"

由诗意浓郁的声音氛围引出，林兆明正式开始了他深沉而抒情的演播：

"诗人的天职是返乡。我年复一年、每时每刻都在返回广州的途中，遥望着那熟悉的城市轮廓，在烟霞中若隐若现。

"每个城市都有它自己的掌故、历史和文脉，这是它与其他城市的身份区别所在。广州之所以为广州，同样也不仅仅因为它的骑楼、西关大屋和深曲的小巷，而是因为每一条小巷、每一座古老大屋所记录着千百年来的生死轮回、悲欢离合。

　　"上下两千年，多少羊城旧事，回首望，烟霭纷纷。我们日复一日地走过它们，熟视无睹，但终于有一天，仿佛从另一个空间传来遥远的呼唤，有一扇尘封已久的门，突然被轻轻叩响，所有遗失的记忆，刹那间纷至沓来。我们才明白，不是我们在寻找历史，而是历史在寻找我们。"

　　林兆明用他以往说书中较为少见的抒情语调，演绎了十二集绮丽的广州古城的图景和岭南格调的文人情怀。透过每一集的标题，可以感受到他与众不同的演绎风格：

　　1. 重返广州古城

　　2. 海对羊城阔

　　3. 千门万户共枕河

　　4. 红白莲塘血性花

　　5. 潮来濠畔珍珠市

　　6. 八桥画舫灿流霞

　　7. 园林梵宇亿万金

　　8. 名世儒宗隐居地

　　9. 傍水小桥人家

10. 黄云紫气满山城

11. 皇家园林越秀山

12. 羊城旧事话乡愁

这个较短的长篇连播播出之时，细心的听众也许能发现，林兆明确实如他在开场语中所说，他是要"用尽我的能力，把它讲好，讲给大家听"！

这部篇幅并不长的广州文脉故事，由于没有小说通常所具备的情节、冲突、悬念、高潮，要让听众追听下去，对播讲者来说，是一个不小的挑战。

面对挑战，林兆明拿起了笔和纸，字字句句，重新谋篇布局，让听者感觉兴趣盎然。

然而，再细心的听众怎么也发现不了，这部最新的长篇连播，林兆明的第十五部连播作品，竟成为他的最后绝唱。

他把最后的咏叹献给了广州，献给了他在此生活了七十年的城市和家园。

由林兆明播讲的广播传记《林兆明的艺术人生》和长篇故事连播《广州往事》已由太平洋影音公司正式出版发行。

第三十一节　永远的《西游记》

2016年5月。

最后的时刻。

由于肺部感染，林兆明住进了医院。

大儿子、女儿等孩子们一直在轮流照看着。

不停地发烧，迷糊中，他感觉被送进了ICU病房。他看到女儿在哭。

亲人们只能每天在规定的时间进ICU外的屏幕中看林兆明一眼。女儿想了个办法，在病房外面对着手机拍视频，说了一堆话，请护士拿进来放给他看。然后，请护士也用手机对着他拍照，说是要拿出去放给女儿看。护士举起手机照相的时候，林兆明做出一个"笑"的嘴型，他不知道是什么样子，也许不好看，但他努力做得好看一些，他想让女儿不要哭。

像是对着一座重重叠叠的阁楼，他看到了自己的整个一生。青年时期拼命的努力，然后是艺术的成功，生命的高峰。他倒下去了，战斗结束了，筋疲力尽。这时候，爱人出现了，是庆生吗？是庆生！她握着他的手，他们一同走在珠

2015年5月，一众亲友从国外回来探望大哥林兆明

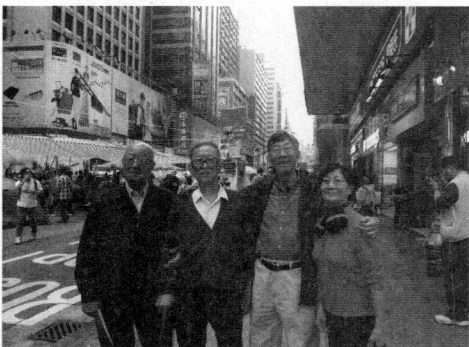

2014年，林兆明最后一次赴香港，与弟妹们团聚
（左一、右一、右二分别是二弟、八妹、十弟）

江边上，走出了时间的洪流。平静的心同时看到了悲哀与欢乐，发芽，生长，枯萎，一切都变得和谐。

他长时期地昏迷着，发着高烧，做着乱梦。等到他醒过来，奇奇怪怪的梦境还印在心头，他看着自己，找着自己，似乎又变成了另一个人，是谁？是母亲余汉秋吗？是妻子麦庆生吗？分辨不出来了，他都一样地想念她们。

恍惚中，他似乎看到他的弟弟、妹妹们又来到他的身边，他们一起联群结队，坐在一艘游轮上，到欧洲旅行。

朦胧中，他仿佛看到，女儿又陪着他回到澳门的祖屋，再坐坐吧。嗯，每年9月，自己都要回去一趟的，今年也要安排一下，新马路街口那家云吞面味道不错，下次还要去吃一碗。

弥留中，他好像整个身体在向上升起，升得好高、好快……"外公，这是广州塔！我们要摸到天空了！"哦，想起来了，女儿、女婿、外孙陪着他一起登上广州塔，还在月娇轩吃了饭。

登上塔顶，观望广州全景，广州的夜景尽收眼底。这是广州吗？真漂亮呢！

他精神酣畅，想要呼喊出来：

"我所爱的一切，我所说的一切，我听到你们美妙的声音，我祝福你们，我是多么的富有！"

林兆明望着窗户，望着窗户边上一根树枝出神。那是高地乌街34号花园里的白兰树吗？好像是，

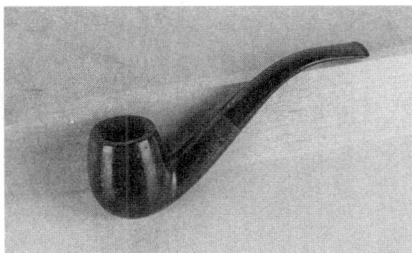

林兆明父亲的烟斗

2016年1月，林兆明在医院疗养期间，手持父亲遗物烟斗和女儿林端及前来探望的马丁（左一，马方舟儿子）、黎键（右一，黎民女儿）夫妇合影

2016年初，林兆明父女与缪燕飞（左一）、廖国玲夫妇等合影

2015年2月，林兆明最后一次在广东省话剧院大院出现（左一为外孙）

第八章 "哥哥啊"在听众心中永远回荡

2014 年春节，林兆明祖孙四代及姻亲亲戚团聚

又好像不是。那树枝滋润的嫩芽爆发了，小小的黄花开满了。这个花丛，这些叶子，让他感到一切都把自己交给了苏醒的生命力。

林兆明仿佛看到了每一个孙儿孙女：阿深、茵茵、雯雯、君君、汉林。

长孙林深是林兆明从小带大的，从小喜欢听林兆明讲故事，虽然出国在外多年，很忙碌，但他非常懂事，只要有机会回国，就来陪爷爷喝喝咖啡、聊聊天，帮着爷爷设计故事中的声音形象。

小外孙曾汉林也是林兆明从小带大的，他自小就有音乐天赋，七岁就开始自己作曲。汉林读小学那时，林兆明带他去光孝寺，让他知道，这个佛教圣地曾经是他外公、外婆居住过的地方，也是他妈妈出生的地方。

那个小小的肉嘟嘟的孩子是谁，哦，是"弹弹"，长孙阿深的儿子，两岁了，已经能自己拿小勺子吃饭了，好聪明、好可爱呢！

那个抱着背着一儿一女的，不就是孙女茵茵吗？二儿子林强的女儿，也是有一儿一女的妈妈了。

林兆明已经有四个曾孙了，什么时候他们再回国呢？都忙着，等过些日子，没那么忙了，和他们视频通话吧。

他想到，就在这一刹那，世界上有无数的生灵在相爱。生命强烈的欢乐从来不会枯竭。他一边气喘，一边大声朗诵着一首颂赞生命的歌，也许喉咙里根本没发出声音，但他并不觉得。

此时，是5月6日凌晨2点10分。

5月12日下午3点，林兆明先生的家属、林兆明先生在文化艺术界、广播界的生前友好、古迷、戏迷三百多人自发前来告别。

广东省委、省政府的各级领导，广东省话剧院、广东广播电视台等单位都向林兆明家属做了慰问。

广东地区的主流媒体都在重要版面做了大篇幅的报道：《粤语讲古泰斗林兆明天堂里继续讲古》（《羊城晚报》）、《万人空巷声，从此天上闻》（《广州日报》）、《原文不再续，谁接上一回》（《南方都市报》）、《粤语讲古泰斗林兆明逝世》（《新快报》）。

广东省话剧院院长杨春荣高度评价了林兆明的艺术贡献：

"林兆明先生在粤语话剧艺术和粤语讲古艺术有深厚造诣，为广府文化的发展和传承做出了重大贡献。他的去世，是广东文化艺术界的重大损失，是广府文化的重大损失。"

一生勤勤恳恳，离开时哀荣无限。

原广东电台的文学编辑唐同炎挥笔写下：

"澳门望洋光孝菩提竹丝悠长星河夕照哥哥历尽人生369；南粤风靡北美远播西游大话列国东周声声经典长伴你我他。"

人们在林兆明的巅峰之作《西游记》的演播声中，与他依依惜别。

第一百回《径回东土，五圣成真》——

太阳高照，师徒四人将经文搬上岸边一块大石头上，打开经包，将经卷晒干。相传那里以后就留有一块大石，叫做晒经石。他们走的时候，石头将佛本行经沾住几卷在那里。拿起来的时候，将经尾撕破了几张。所以相传现在的经卷是不全的。晒经石上就留有了字迹。

唐三藏见到经卷撕破了，十分心疼，说：哎呀，是我们怠慢，未曾保护得好。

孙悟空则笑笑说：不关事，不关事的，天地不全嘛，哪有十全十美的呢？这套经卷原本是齐全的，现在撕破了一点点，正是应合了天地不全的奥妙，非人力所能及的。

……

从此，唐三藏修成了南无旃檀功德佛，孙悟空修成了南无斗战佛，猪八戒修成了南无净坛使者菩萨，沙和尚修成了南无八宝金身罗汉菩萨，白龙马修成了八部天龙广力菩萨。

孙悟空对唐三藏说：师父，我现在和您一样，也是佛了，难道还要头顶着金光箍，您还念什么紧箍咒来勒我吗？赶紧念个公箍咒，把它拿下来，让我把它打烂，千万别让佛祖再去折磨别人了。

唐三藏说：哎呀，悟空，现在还哪里有什么金光箍在你头上啊？你自己摸一摸看。

孙悟空用手一摸：咦，师父，金光箍真的没有了！

"听众朋友大家好，现在，我们书接上一回！"寰宇间，林兆明的声音在回荡、回荡……

（完）

《广州往事》原声

林兆明先生大事年表

1928年　出生在澳门一个巴拿马侨商家庭，父亲林景云，
　　　　母亲余汉秋。祖籍广东香山（今中山市）。

1935年　入读澳门粤华中学附小。在校期间参加演剧活
　　　　动，扮演童角。课余经常到祖父经营的海镜戏院
　　　　看电影和戏剧。

1941年　入读澳门培正中学。在校期间经常自编、自导、
　　　　自演短剧。

1945年　家里共有十兄弟姐妹，其中弟弟八个，妹妹两
　　　　个。

1946年　随培正中学回迁广州，就读高三课程。

1947年　入读广州大学法律系。
　　　　期间，加入广州基督教青年会业余剧社。结识黎
　　　　民、胡伟川、吴耀初等中共外围组织的领导成
　　　　员，结识马方舟、崔南波、黄飞立、杨桦、陈华
　　　　真等文艺界朋友。
　　　　后来，担任广州青年会业余剧社负责人。

1948年　参演粤语话剧《悬崖之恋》《妯娌之间》《警察

与小翁》《风波亭》《薛仁贵》《鸡飞狗走》
《群猴》《逃窜》等。

1948年　参加粤语话剧《小二黑结婚》在广州的演出，饰
演小二黑。
同年，与广州艺术专科学校的女生麦庆生相识。

1949年　9月30日，在广州青年会宿舍目睹海珠桥被炸。

1950年　1月，加入广州青年文工团。参加迎接广州解放的
文艺活动。
6月，离开广州青年文工团，到武汉中南分局司法
部集训。
12月，回到广州。

1951年　正式调入广州市文工团。
参加广州市文工团的土改工作队，到罗定农村支
援土改。
在粤语话剧《六号门》扮演工人胡二。
与麦庆生结婚。其时她正在华南文艺学院学习音
乐。

1952年　进入广州华南文工团(后易名为华南话剧团、广东
省话剧团)。
在粤语话剧《将一切献给党》中饰演吴运铎。
50年代初，大儿子林洛、二儿子林强相继出生。
麦庆生加入华南文工团担任歌唱演员。
全家随华南文工团在光孝寺内安家。

1956年　与黎文、蔡传兴、吴克等合说相声。

1957年　在粤语话剧《南归》中饰演农村青年。

1958年　与卓文斌等合说相声，被评为广东省文艺先进工作者。
　　　　50年代中后期，参演粤语话剧《考验》《夫妻之间》《出路》《刘莲英》《幸福》《海滨激战》《刘介梅》《万水千山》等演出。

1961年　在粤语话剧《七十二家房客》饰演警察"369"，成功地塑造了一个经典反派小人物。
　　　　同年，在粤语话剧《山乡风云》饰演老农何奉。

1961年　在粤语话剧《全家福》中饰演派出所的诸所长。
　　　　该剧在平安大戏院演出时，老舍、曹禺到场观看。
　　　　60年代初，女儿林端出生。

1963年　在粤语话剧《迎春花》中饰演冷元。

1964年　在粤语话剧《珠江风雷》中饰演农村党支部书记周耀信。
　　　　《珠江风雷》到北京人民大会堂、中南海小礼堂演出，和剧组全体演员一起接受周恩来等国家领导人接见。

1966年　导演并主演粤语话剧《年青的一代》，饰演地质队员肖继业。

1967年　被扣上组织"反党"活动的罪名，受到批斗。

1968年　在广州二沙头参加广东文艺界、体育界的集中学习。

大儿子林洛到海南岛建设兵团参加上山下乡务
农。

1969年　随文艺界到英德茶场五七干校参加"劳动改
造"。

1976年　回到广州，在广东省话剧团编导粤语话剧《小保
管上任》《喜沐东风》《阿成的故事》《审椅
子》等。

1979年　粤语话剧《七十二家房客》以60年代剧组原班人
马重新排演，扮演巡警"369"。
70年代后期，参加粤语话剧《网下情丝》《彼
岸》《风华正茂》《羊城24小时》等的演出。

1979年　演播长篇小说《虾球传》，在原广东电台首播，
是他演播的首部长篇小说。
70年代末，在话剧《云牵万里月》扮演爱国将军
卢翰卿。在话剧《恨海奇光》扮演外国敌特头子
布莱忐。
结识油画家陈衍宁，得以获赠其创作的人像画
《林兆明像》《麦庆生像》。

1980年　演播长篇小说《西游记》，在原广东电台首播。
长孙林深在广州出生。

1981年　在粤语话剧《可口可笑》中饰演反派主角张经
理。演播长篇小说《刑警队长》，在原广东电台
首播。

1981年　林兆明、张悦楷、吴克、蔡传兴等在广州参加义演义唱晚会，表演相声小品，为广州儿童福利会筹募资金。

1982年　在粤语话剧《红岩》扮演叛徒甫志高。
　　　　演播长篇小说《东周列国志》，在原广东电台首播。

1983年　母亲余汉秋在澳门病逝。

1984年　在粤语话剧《丹心谱》扮演老中医丁文忠。
　　　　演播长篇小说《朱元璋演义》，在原广东电台首播。
　　　　画家林墉送画作给林兆明，上题：兆明大笑家开怀。
　　　　广东省话剧院喜剧团成立。
　　　　担任广东省话剧院副院长，喜剧团团长。
　　　　同年入党。

1985年　率领广东省话剧院喜剧团到肇庆市演出，大受欢迎。
　　　　率领广东喜剧团赴香港演出粤语话剧《七十二家房客》，大获成功。
　　　　1984—1985年期间，参加由广东文艺界、体育界名人联合组成的"呐喊足球队"，成为主力队员。
　　　　80—90年代，与最佳搭档张悦楷合作改编并表演相声，包括《好讲唔讲》《对春联》《胡不归》《包顶颈》《歪批三国》《你当祖爷爷的时候》《十五的月亮》《醉酒》《陈梦吉拜年》等，活跃于广东地区各大演艺舞台，及多个电视综艺节目，深受大众喜爱。

1986年　演播长篇小说《济公传》，在原广东电台首播。
　　　　年底，演播长篇小说《三侠五义》，在原广东电
　　　　台首播。

1987年　讲古作品被广东电台评为"广东十大讲古明星"
　　　　作品一等奖。

1989年　恩师、世伯、父亲林景云的挚友黄文宽因病逝
　　　　世。
　　　　代表林氏家族向母校培正中学捐款十万元人民
　　　　币，用于设立学校奖学金。

1991年　应澳门文化司邀请，多次赴澳门讲学、排戏。

1992年　应邀为澳门艺术节导演俄国剧作家果戈理的名剧
　　　　《钦差大臣》。

1993年　应美国华人电台邀请，与张悦楷等到美国作"全
　　　　美巡回盛大公演"，在洛杉矶的华埠百老汇的影
　　　　城戏院、旧金山的艺术宫剧场和夏威夷等地表演
　　　　相声和讲古，被称为"最佳相声演员"。

1993年　与漫画家廖冰兄相聚并合影，获赠漫画《捉鼠
　　　　图》。
　　　　90年代初，和张悦楷、梁锦辉、李伟英、颜志图等
　　　　一众讲古名家参加原广东电台文艺部先后在广州
　　　　白云山双溪别墅和花都举办的"长篇小说连播研
　　　　讨会"，为电台文艺广播出谋划策。

1994年　与张悦楷、杨达一起应邀参加香港艺术节，在香港大会堂文娱厅、上环文娱中心剧院、西湾河文娱中心剧院演出了三个专场，表演相声、讲古和小品。

1995年　应邀为澳门艺术节导演法国剧作家博马舍的名剧《费加罗的婚礼》。

1996年　作为广东省话剧院、喜剧团的艺术指导，带队与澳门文化部门交流，带领"万年青艺术团"赴澳门演出。

2001年　原广东电台城市之声在黄花岗剧院举办"天际传情——中国广播语言艺术舞台演绎"活动，林兆明作为南派语言艺术的代表人物表演《西游记》讲古片段。

2002年　妻子麦庆生因病逝世。
　　　　7月，接受原广东电台城市之声直播采访，这是他长时间封闭自己以来第一次面对媒体。

2005年　原广东电台城市之声在北京路广场举办"林兆明古迷见面会"，林兆明接受原广东电台赠予的"一代讲古大师"锦旗。
　　　　重新开麦演播长篇小说《大闹广昌隆》，在广东电台城市之声首播。

2006年　演播长篇小说《世纪情怀：张学良全传》，在原广东电台城市之声首播。

2008年　演播长篇小说《孙中山传》，在原广东电台城市之声首播。

2009年　出席原广东电台举办的"林兆明古迷见面会暨《明朝那些事儿》启播仪式"，接受原广东电台所赠"讲古大师，艺术典范"牌匾。

演播长篇小说《明朝那些事儿》第一部，在原广东电台城市之声首播。

9月，作为嘉宾出席广东文艺界国庆文艺晚会，和红线女等十位舞台艺术卓有建树的广东艺术家，接受广东省委宣传部领导接见并合影。

10月，中国广播电视协会授予林兆明第十一届全国"小说连播演播艺术家"称号。

2010年　演播长篇小说《明朝那些事儿》第二部、第三部，在原广东电台城市之声首播。

2011年　因白内障和视网膜脱落，接连接受四次眼睛手术。

演播长篇小说《明朝那些事儿》第四部、第五部，在原广东电台城市之声首播。

2012年　演播长篇小说《明朝那些事儿》第六部，在原广东电台城市之声首播。

2013年　演播长篇小说《明朝那些事儿》第七部，在原广东电台城市之声首播。

8月，八十五岁寿宴在广州珠江新城"空中一号"宴会厅举行。

接受原广东电台所赠"讲古泰斗，艺术大师"牌匾。

《赵匡胤》录播启动仪式举行。

2014年　3月14日，长篇小说《赵匡胤》在原广东电台城市之声首播。

2015年　8月6日，在家中开录长篇口述传记《林兆明的艺术人生》。

12月2日，在家中开录长篇故事《广州往事》。

12月31日，《广州往事》录音完毕。

2016年　1月1日，访谈式长篇传记《林兆明的艺术人生》在广东新闻广播、珠江经济广播、城市之声、文体广播等频率开播。

1月10日，出席在广东广播中心举行的大型广府文化系列活动"听见·广州"启动仪式暨《明朝那些事儿》专辑首发式，坐着轮椅上台讲话。这是最后一次公开露面。

3月8日，长篇故事连播《广州往事》在广东广播电视台新闻广播首播。这是林兆明演播的最后一部长篇故事。

4月，因感冒引发肺炎住院。

5月6日，凌晨2点10分，因肺部感染逝世，终年八十八岁。

附　录

我演"369"

广东省话剧团演员　林兆明

在话剧《七十二家房客》中，伪警察"369"是一个典型人物。剧作家用尖锐的笔调、夸张的手法，淋漓尽致地把这个小人物的面目和灵魂揭露出来，让观众在不断的笑声中对他予以鞭笞，实际上是对那个扭曲的社会予以无情的鞭笞。

"369"这个人贪婪、凶狠、愚蠢、无能兼而有之。你看他为了讨好主子，竟想出一条"妙计"，要把十七岁的少女嫁给六十一岁的伪警察局长当第八姨太太。他专事敲诈勒索，无孔不入，打着抽壮丁招牌，连房客飞机福救命用的三元医药费、舞女韩师奶剩下的唯一的一元血泪钱，他都照抽。还要栽赃陷害房客。但他愚蠢之处也时时表现：如他挖空心思去捞油水，但常常是偷鸡不成蚀把米。他本来想讨好主子，替伪局长做媒，谁知却落得个作法自毙，恶有恶报的下场。

作为演员，如何把这个令人切齿又教人捧腹的角色，可信地体现在舞台上呢？我觉得：首先该抓住他贪得无厌的本质，"369"之可恨是由于他贪婪成性、有奶便是娘、向上拍、向下压、见钱就刮的品质。由于贪，他甘心做爪牙，坏事做尽、无恶不作。但是也正由于贪，使他利欲熏心，饥不择食，不分场合，不顾对象，张口就咬。因而往往不是咬错了，就是咬着自己舌头，自找苦吃。例如：他本来是为了讨好太子炳，去帮他赶走房客的，但是他见有机可乘，竟把太子炳的姘头包租婆八姑也拉错了，结果招来了一顿臭骂，大快人心。

"369"这人，头脑简单，糊里糊涂。但是他到底不是一个"白痴"，他还能为主子效劳。"369"之所以惹人发笑，其笑料来源主要是由于他的性格特征：特别爱夸耀自己的聪明和才干，自称再世包公。笑料出自他这种性格，才是真的笑料。

在人物外形塑造上，我着重表现他那种狗仗主人威、装腔作势、外强中干、"大声夹冇准"的神态。因此他在主子面前是摇头摆脑，点头张嘴，打躬作揖。但在老百姓面前则神气活现，不可一世，他勒索时，身向前倾，脚弯曲，歪头张嘴，两手抒袖，如饿虎擒羊状，以示非达到目的绝不罢休。扬威耀武时，则身向后倾，两手挪动皮带，双肩耸动以示其老爷威风。平时走路作"蟹行虎步"状，左顾右盼，双肩低垂，腰向后；手在身后摆动，两脚大步岔开，一望就知道是惯于跑腿，擅于敲诈的老手。站着时则两腿微微向前弯，腰向后，头向前倾，有如饥不择食的老乌鸦。

让"哥哥啊"永远在广播电波中飘荡

吴国庆

我与林老师的相识源于广东电台约请他录制长篇小说的第二阶段。那时我在城市之声担任总监。

2001年，城市之声成立五周年之际，在黄花岗剧院举办"天际传情——中国广播语言艺术舞台演绎"活动，林兆明先生作为南派语言艺术的代表人物，出席了这次活动。

后来，他又参加了我们在北京路广场举办的"古迷见面会"，这两次活动让他重燃对讲古热情的火焰，我们从《大闹广昌隆》开始作尝试，他终于答应重新开启他的第二段讲古人生。

那段时间，原广东电台的老台长白玲非常支持这项文化传承工程，连续三年，从台里每年拨出经费，专门用于录制林兆明的演播作品。之后，我们请他接续录制了《孙中山传》《世纪情怀：张学良全传》《明朝那些事儿》等作品。他还和我约定，有机会想录制关于曹操的人物传记。

那段时间，我经常到他家里和他聊天。他告诉我，为了保持好身体，每天坚持冬泳，上午在家写演播稿，下午到电台录音三小时，晚饭也不留下吃就回到住所，准备第二天的作品。他的艺品、艺德让我深受感动。

现在，林老师离开了我们。我想，他带着成功的心情，也带着他的遗憾，我们广东的听众永远不会忘记他。"哥哥啊"——他那令人开怀的声音永远在广播电波中飘荡，岭南讲古艺术将长存。

2016年5月

作者介绍：吴国庆，广东广播电视台南方生活广播总监，曾任原广东电台城市之声总监。曾策划邀请林兆明重新出山讲古。

音容犹在，精神永存
——记忆中的林兆明先生

麦伟平

最后一次与林兆明先生见面，是在春节前，我们几位同事到星河湾仁的家里拜年。

林老师行动不便，见了我们很开心，和我们长时间紧紧地握手。他说，自己最新两部作品的完成，得力于电台朋友们的大力支持。他还说，等他腿脚方便一些，就请我们一起到外面环境好的地方喝茶。他对晚辈很和蔼，没有任何架子，说话风趣幽默，善于调动大家的聊天气氛。林老师反复强调两件事：一是要传承，传承粤语话剧、传承粤语讲古等一系列传统文化；二是要感恩，感恩国家、社会和身边的人。

林老师对待工作非常执着，有毅力。在制作演播作品《林兆明的艺术人生》和《广州往事》时，虽然腰腿有毛病，不能像以往那样到电台录音，只能请电台的录音师带着设备到他家里录制，但他还是坚持批改文稿，做详细的标注。他对待工作很严格，不满意的地方就会重来，直到做好。

林老师还是一位生活在舞台上的大师。今年1月10

日，他还亲自出席了在广东广播中心三楼举行的"听见·广州"系列活动启动仪式。考虑到他的身体状况，我们提出，这虽然是他两部新作品的开播发布，但他不必亲自来到现场。我们预先录制了他的视频讲话，但他还是坐着轮椅，坚持上了舞台。面对着他所惦记的古迷、戏迷，林老师非常高兴，连连说："大家好！祝大家身体健康，心想事成，万事如意！"

这是他最后一次在舞台上讲话，他的笑容、他的声音深深地刻印在我的脑海中。他的精神将永远激励着我们，我们会努力去做好传承与感恩。

2016年5月

作者介绍：麦伟平，广东广播电视台新闻广播总监。2015年，林兆明的广播传记《林兆明的艺术人生》和林兆明最后一部长篇连播故事《广州往事》的主要策划人之一。

我听《林兆明的艺术人生》

唐同炎

2016新年伊始，原广东电台系列台的新闻广播、珠江经济台、音乐之声、城市之声等媒体同时播出访谈式传记长篇《林兆明的艺术人生》。这是新组建的广东广播电视台做的极有价值的一件事，给广东广播留下极为珍贵的史料，无论怎样评价都不为过。在访谈中林兆明自述家世轶事，主持人适时插播与之有关的历史背景材料，相互补充，有助听众的理解和接受。

广州的听众对林兆明绝不陌生。老一辈爱好文学的听众会记得，60年代在省电台周日上午的《文学广播杂志》节目中他时有露面。他讲过工矿故事《老梦大叔》，朗诵过革命烈士蔡梦慰的遗作《黑牢诗篇》……同时林兆明也是优秀的粤语话剧演员。当年省话的粤语演出队盛极一时，"文革"前有《七十二家房客》，打倒"四人帮"后有《丹心谱》。林兆明在剧中都担任了主要角色。但说到林兆明艺术影响最大的方面，便不能不提到广播——省电台的《小说连播》栏目。

《小说连播》是原省电台文艺部的一档粤语讲古栏

目，每天中午和傍晚播出。"文革"前有侯佩玉、胡千里、翟奇达等为代表的说书艺人登台讲古，"文革"后就有张悦楷、林兆明为杰出代表的讲古大师，刘逸生先生盛誉为"此日花城两柳麻"。当年上广播讲古，大概相当于现在的"互联网＋"，通过电子广播平台广泛传播，进入千家万户。其传播之广是文化公园的说书场一类无法相比的。

改革开放后林兆明就在《小说连播》中播出《虾球传》，通过塑造虾球、鳄鱼头等人物展示他粤语讲古的深厚功力，之后的讲古成名作《西游记》《东周列国志》达到他讲古艺术的巅峰。在讲完《济公传》《朱元璋演义》后，林兆明一度沉寂数年。直到2005年他以古稀之年又出山重新讲古，先后讲了《大闹广昌隆》《世纪情怀：张学良全传》《孙中山传》《明朝那些事儿》，重新焕发艺术青春。

访谈式传记长篇《林兆明的艺术人生》让听众了解赫赫有名的澳门林氏家族，知道早年华侨创业的艰辛，懂得人生道路会阴差阳错，明了个人命运与国家社会息息相关……随着时间的流逝，这种感受会越来越多元，越来越深刻。

希望今后有更多这样优秀的口述历史作品问世，为后世子孙留下宝贵的精神遗产！

2016年1月

作者介绍：唐同炎，广东广播电视台资深编辑，现已退休。曾在广东乡台文艺部、城市之声、南方生活广播、珠江经济台任文学编辑，与林兆明有多年交往。

2005年，林兆明停播故事近十年之后，同意再次出山讲古，就是唐司炎的功劳。他是林兆明播讲《大闹广昌隆》《世纪情怀：张学良全传》《孙中山传》《明朝那些事儿》的编辑。

录音师眼中的林兆明

陈文丹

1月10日下午，"听见·广州"——大型广府经典文化系列活动在广东广播电视台的广播中心国际会议厅正式启动，粤语讲古泰斗、著名话剧表演艺术家林兆明老师带着两部最新的演播作品——《林兆明的艺术人生》和《广州往事》在启动仪式上与新老古迷见面，作为与林老师合作多年的老朋友，我当然要到场。

那天，带着林老师喜欢吃的点心艾糍直奔后台，一见到林老师，我的眼泪就无法控制地出来了！一年不见，林老师瘦了，还坐在轮椅上。要知道，一年前差不多同样的时间，林老师还精神抖擞地来电台录制贺年宣传片呢。这次，本来在医院疗养的他，却坚持一定要来活动现场，并上台讲话！我再一次被林老师为艺术奋不顾身的精神感动。

2005年，七十七岁的林老师复出讲古，复出后讲的第一部小说是《大闹广昌隆》。当时文学编辑唐同炎找到我，要我担任该节目的录制工作，于是从2005年至2013年九年间，我为林老师录制了《大闹广昌隆》《世纪情怀：张学良全传》《孙中山传》《明朝那些事儿》（七部）

《赵匡胤》等共六百多集广播小说。这过程中，因工作原因，编辑换了三个，唯独负责录音的依然是我。

林老师每次来电台都录三集小说，每周来两至三次，因此，九年间平均每年我有约三个月的时间与林老师合作。每次林老师来录音，台里都会安排专车接送林老师。节目录完，我也坐上林老师的顺风车回家。在车上，我与林老师无所不谈，闲谈中我从林老师的身上也学到了不少东西。九年间的合作、闲聊，我觉得林老师真不愧是一位专业敬业、德艺双馨的令人敬佩的老艺术家。

林老师播讲的小说有多少我说不清，也没统计过，不过我知道，他每录一本小说，都必定提前认真阅读、消化，然后用自己的语言重新用笔在稿纸上写出来，再对着手稿播讲。

2012年 3月28日是录《明朝那些事儿》大结局的时间，林老师叫工人把他多年讲古的手稿包扎好运来电台，手稿叠起来足足有一米多高！他说："这也许是我录的最后一本小说了，我把这些手稿搬过来在电台照张相，留个纪念然后就烧掉，感谢广东电台啊！"当时我说："广东电台应该感谢您就真！这些手稿留给广东电台的博物馆吧，或者给我们一小部分？"他说："还是烧了吧，都是反复修改的，很乱。"由于林老师的坚持，当时台里好几个想要一张手稿作留念的同事都只能空手而归。

当然，《明朝那些事儿》并非林老师录的最后一部广播小说，2013年，我还帮他录了《赵匡胤》。

2005年后我为林老师录的小说，每一集林老师都是回家亲自审听的（每次录完，我便刻成CD让他带走），听完后，他会仔细地标注出有错漏的位置，以便下次来修改、补录。每次修改，林老师总会真诚地说："大丹，辛苦你啦。"如此认真细致的工作态度，确实很值得我们学习。

有一次在送林老师回家的车上，我问："您偶尔也回丽江花园小住吗？"（之前闲聊中，我知道他在番禺的丽江花园有一处住房）没想到，林老师的脸色立刻暗淡下来，然后长长地叹一口气，说："很少回去，睹物思人啊！"之后是良久的沉默……不敢再说话的我，隐隐看到林老师眼中有泪，原来，林老师一直深深思念着已故的爱妻。

还有一次，在录《世纪情怀：张学良全传》的"赵四小姐去世，张学良为之痛哭"那个段落时，林老师完全入戏，以致无法抽离，他在录音棚里几度失声痛哭。那天，编辑唐同炎因其父亲病重，请假没来，录音棚的控制室里只有我一人，看到林老师哭得那么伤心，我真不知如何是好，只好默默地给林老师送去纸巾，然后说："喝口水再录吧。"林老师点点头，擦干眼泪，平复情绪，约二十分钟后，我们又继续录音。后来在回家的车上，林老师对我说，刚才控制不住情绪，是因为他想起了自己已故的太太。

关于林老师更完整的故事，大家还是听《林兆明的艺术人生》吧，林老师讲得非常精彩，他把自己的传奇人生故事与播讲艺术结合，开创了我国说书艺术界的一个先河。

衷心祝愿我最敬仰的艺术家林兆明老师健康长寿！

2016年1月

作者介绍：陈文丹，广东广播电视台广播制播部一级录音师。从2005年起，林兆明在广东电台录播的《大闹广昌隆》《世纪情怀：张学良全传》《孙中山传》《明朝那些事儿》（七部）《赵匡胤》等六百多集广播小说，几乎全部由陈文丹录音制作。

后　记

听见广州的声音

　　20世纪80年代初，我考入中山大学中文系，在康乐园，聆听汉语言学、古文字及古典文学研究的学术专家和教授讲课。突然发现，我的那些用普通话教书和撰写专著的广府前辈们，在课堂中喜欢引用林兆明播讲长篇小说连播作品的字词段落来给学生作示范举例。系主任黄天骥教授还曾撰文分析林兆明粤语"讲古"的音韵美。

　　我的中学同学们，一提起林兆明"讲古"，就会说："我们是听着他讲的故事长大的，听着故事下饭……"无论现在留在故乡的，还是旅居海外的，我所接触的广府前辈、朋友、同学，无一例外。

　　是什么样的东西才能有此魔力？

　　我向前辈朋友们请教，他们只知道林兆明讲的故事好听；我向语言学者请教，他们的解释不能说服我。

　　直到有一天，一个偶然的机会，我和林兆明

的女儿林端认识，我与林老开始了长时间交谈，我霍然觉得，宝库的大门洞开，藏在老人身上的故事让我心旌摇荡。

我悟出，那种魔力不是别的，是出生时依托的那块土地、那座城市的造化神秀，粤语深种于心，广府文化融进了血液躯体，一开始就已经成为生命的一部分。

纵使你远在天涯海角，纵使世易时移，往后的岁月，粤语执着的声音，依然萦回在你的心里。

我和我的祖上两代一样，在广州出生、长大。小时候，我住在惠爱路（现中山四路）与文德路交汇的长塘街，那附近有邱氏书院（现更名万木草堂），有东乐戏院（曾改名红旗剧场，现已拆除），父亲经常带我到东乐戏院看粤剧，我们全家曾到艳芳照相馆照过相，到北京路八珍面店吃过云吞面，我就是在珠江边的海角红楼游泳场学会了游泳，在我所就读的文德北一小旁边的工人文化宫和中山五路的新星电影院看过无数的电影，在广州体育馆（解放北路与流花路交界，中国大酒店对面，现已拆除）参加广州市小学歌咏比赛，在母校广东实验中学对面的番禺学宫（农讲所旧地）拍的毕业合照。20世纪70年代环市路由两车道扩建为六车道之时，初中老师组织我们去现场实地考察，把记录的素材拿来写作文、解数学应用题。

广州，有粤剧、粤语话剧、粤语说书、粤语相声，构成了独特的广府文化，古汉语中粤语读音的音韵美、粤语谚语中的谐趣美、粤曲小调的委婉闲适美、粤剧唱词的古雅优美……曾让我陶醉了多少时光！

这么多年之后，旧时的广州城成了新型的南大门、国际大都市，崭新宽阔的马路、四通八达的地铁、鳞次栉比的商住楼盘、拔地而起的购物娱乐中心，以及来往喧闹的车流，操着各种方言底色普通话的来来往往的人群，繁华热烈，生机勃勃。

我的故乡广州是进步的、崭新的，是现代中国的一个缩影。

不过，这进步崭新的广州城，已不是我记忆中的广州了。对物质生活的追求迅速压过了对古老传统的尊崇，越来越多广州的年轻人欢迎这种变化的到来。当然新是有代价的。我的女儿自小学游泳，却从未在她母亲游过泳的珠江下过水；她自小爱听故事、爱看戏，却从未听过林兆明讲的《西游记》，没有看过粤语话剧《七十二家房客》，取而代之的是看日本动画片、港产粤语片。

如今的广州和全国各地的城市一样日新月异，建筑格式化，语言普通话化，更多广州家庭的孩子从小不会说粤语，这有人口来源构成的原因，也有文化融合的原因。格式化意味着清零，语言去地方化意味着全新的开始，另一面则是与传统的割袍断义。

为广府文化做出了贡献的艺术家林兆明先生，穷其一生，把他的时间、精力、智慧用于塑造一个又一个粤语话剧和粤语评书作品，几乎来不及记录他曾经的生活。而他所经历的艺术人生，却正刻印着这块土地、这座城市近百年的历史和时代变化。

到了我们的下一代，故乡和城市已经是新的了，他们自然没有那些美好而痛苦的记忆。

因此，也只有我们这一代人，承前启后，记录渐行渐远的广府旧时生活，记录这位粤语"讲古"泰斗级艺术家的心路历程，这个担子自然要落在我们这一代人肩上。

于是，有了这部《书接上一回——粤语讲古泰斗林兆明传》。这不只是为林兆明先生所作的传记，更是为生活在广州城的人们，为我的广播同仁，为我的父母兄姐，为我的孩子所写的书。

完成初稿之后，我到了英国布里斯托作短期休假。这座欧洲的古老城市，18、19世纪的哥特式的传统建筑俯拾皆是，而内部设施却由最新科技和时尚元素装备一新，让人为这座城市的建设者对于传统的尊崇和诚意所感动，也为他们对于融合传统文化与现代时尚的能力所折服。布里斯托和广州，是一对友好城市，我们的古老而时尚的广州城也应如此被好好保护、爱护、呵护的啊！

清晨，被海鸥的叫声吵醒，看着埃文河的潮涨潮落，心中，却想念着我的珠江，没有广州的风物水土文化，就没有我。由此，想到了我要感谢的人们。

感谢本书的传主林兆明先生，如果没有您的热情与豁达，我将无法开始本书的前期采访；如果没有您的坚强毅力，我们也将无法完成广播传记《林兆明的艺术人生》的录制。您却在本书将要付梓的两个月前，突然驾鹤西游而去，没能看到书的全貌，这是无法弥补的遗憾，也是我心底无法抹去的疼痛。

感谢林兆明的女儿林端，没有你对自己父亲的敬爱与孝心，没有你对林老口述所做的详尽笔记，没有你经年保存的大量珍贵照片，没有你对林老的细心照顾，没有你给予我的支持，我们不可能实现这个共同的心愿。

感谢广东新闻广播总监麦伟平，没有你对大型广府文化系列活动"听见·广州"的创意策划，我们不可能做出如此大胆的创作计划，没有你的妥贴安排，我不可能有足够的业余时间完成书稿。

感谢广东广播电视台台长张惠建、总编辑陈一珠、副台长曾少华、副总编辑赵随意、谭天玄、吴山的支持。

感谢我的广播同事唐同炎、陈文丹、吴国庆、周咏、吕因因、吴建樑、彭伟、伍君一、林海强、邓东力、唐小芳诸君对我的鼓励和支持。

感谢花城出版社詹秀敏社长及各位同仁为本书出版所付出的心血。

感谢我的女儿路方遥、我的先生路卫国，你们是这本书最原始初稿的读者，感谢你们一直陪我熬更守夜。

张蔚妍

2016 年 6 月 22 日于布里斯托

听见广州的声音